KB033266

언젠간
혼자
일하게
된다

언젠간 혼자 일하게 된다
프리랜서, 1인기업가, 혼자 일하는 사람들의 시대

초판 1쇄 발행 2020년 5월 12일

지은이 최하나
발행인 송현옥
편집인 옥기종
펴낸곳 도서출판 더블:엔
출판등록 2011년 3월 16일 제2011-000014호

주소 서울시 강서구 마곡서1로 132, 301-901
전화 070_4306_9802
팩스 0505_137_7474
이메일 double_en@naver.com

ISBN 978-89-98294-76-2 (03320) 종이책
ISBN 978-89-98294-77-9 (05320) 전자책

※ 이 책은 저작권법에 따라 보호받는 저작물이므로 무단전재와 무단복제를 금지하며,
  이 책 내용의 전부 또는 일부를 이용하려면 반드시 저작권자와 더블:엔의 서면동의를
  받아야 합니다.

※ 이 도서의 국립중앙도서관 출판시도서목록(CIP)은 서지정보유통지원시스템 홈페이지
  (http://seoji.nl.go.kr)와 국가자료공동목록시스템(http://www.nl.go.kr/kolisnet)에서
  이용하실 수 있습니다. (CIP제어번호: CIP2020016695)

※ 잘못된 책은 바꾸어 드립니다.
※ 책값은 뒤표지에 있습니다.

언젠간
혼자
일하게
된다

프리랜서, 1인기업가-
혼자 일하는 사람들의 시대

최하나 지음

더블:엔

직장인으로 사회생활을 시작했다. 영원히 그럴 줄 알았다. 스마트 캐주얼을 갖춰 입고 출근을 하고 정장을 차려입고 높은 구두를 신고 출장을 갈 줄 알았다. 때가 되면 진급을 하며 내 이름 뒤에 붙는 호칭이 변해갈 줄 알았다. 하지만 그런 꿈은 그런 상상은 그런 시절은 5년 만에 끝이 났다.

계획을 세우거나 준비를 철저하게 한 것도 아니었다. 회사에 다니며 좋아하면서 잘하는 일을 꾸준히 해왔지만 그게 업이 될 거라고는 예상하지 못했다. 혹시라도 다시 태어나면 해볼 수 있지 않을까 하는 막연한 상상이자 바람이었다. 그런데 그게 현실이 되었고 나는 그렇게 영영 회사로 돌아가지 않게 되었다.

처음에는 좋기만 했다. 그 당시에 썼던 글들을 읽어보면 웃음이 나온다.

'환상에 젖어 살았구나.'

현실감각이 돌아오고 이 세계의 희로애락이 눈에 들어온 건 2년 차에 접어들어서였다. 그러다 3년 차가 되니 사이클이 보이기 시작했다. 무질서하고 예측 불가할 것만 같은 프리랜서로서의 삶에도 나름의 규칙과 반복이 있었다. 4년 차가 되자 조금 힘이 붙었다. 이 일을 적어도 10년간 할 수 있겠구나 하는 생각이 들어서였다. 그런데 5년 차가 되자 처음 이 일을 시작했을 때 못지않게 힘이 들었다. 이제는 점프업을 할 때라는 생각이 들어서. 이제는 남과 비교할 수 없는 경쟁력을 갖춰야 한다는 생각이 들어서다. 그러니 앞으로도 평탄치만은 않은 날들이 이어질 것 같다.

프리랜서로 혼자 일하며 모든 게 수월할 거라 생각했다. 사회생활을 호되게 경험하며 경력을 쌓았으니까 어려울 것도 두려울 것도 당황할 것도 없다고 장담했다. 하지만 얼마 가지 않아 그 생각은 철저히 깨졌다. 마치 어린아이가 걸음마를 배우듯 혼자서 일을 하는 법을 처음부터 다시 배워야 했다. 분명 밥벌이를 한다는 점에서는 똑같은데, 어른스럽게 살아간다는 점에서는 똑같은데, 달랐다.

직장인일 때는 직장에 들어가기 전까지 나를 어필해야 했다. 그래도 그 통과의례를 거치고 나면 그럴 필요가 없었다.

하지만 프리랜서는 달랐다. 언제 어디서나 나를 어필해야 했다. 일하면서도 그 일이 끊길까 봐 더 들어올 일이 없을까 봐 끊임없이 나를 알려야 했다. 제법 알려졌다고 생각했을 때도 세상엔 여전히 나를 모르는 사람이 너무 많았다. 밑 빠진 독에 물 붓기도 아니고 조약돌을 바다에 던져 채우는 심정이었다.

다른 방법은 없었다. 누군가 나를 대신할 수 없었다. 혼자 일을 한다는 건 혼자서 나를 입증해야 한다는 것과 같았다. 또한, 혼자 일을 한다는 건 혼자서 어려움을 헤치고 끝까지 나로서야 한다는 것과 같았다. 그게 싫다면 그게 영 적응이 되질 않는다면 조직으로 돌아가는 게 맞다. 하지만 나는 다시는 회사로 돌아가지 않을 작정이었다.

좋은 조건임에도 불구하고 계속 다니지 못하고 이직을 하며 이 회사 저 회사를 전전했다. 그게 잘못되었다는 건 아니다. 다만, 그 과정을 통해 내가 직장에 적합한 사람이 아니라는 걸 깨달았다는 거다. 그래서 언제까지나 영원히 혼자 일하기로 마음을 먹었다.

사실 누구나 영원히 직장인으로 살 수는 없다. 예전에는 명예퇴직이라고 해서 정년을 보장해주기도 했지만, 지금은 언제 내 자리가 없어질지 아니 내 회사가 없어질지 모르는 시대다. 그러니 그게 언제가 되었건 혼자 일을 하는 때는 반드시

온다. 내년일지 10년 뒤일지 그것만 모를 뿐이지.

그래서 나처럼 독립하고 사회생활을 다시 배워나가야 할 막막한 이들에게 내 이야기를 들려주고 싶었다. 성공과는 거리가 멀다. 하지만 나는 버텨왔다. 그 과정이 어렵기도 하고 힘들기도 했지만 즐거웠고 행복했다. 그래서 비교적 중립적인 태도로 말할 수 있을 거라고 생각했다.

나는 영원히 혼자서 일하는 꿈을 꾼다. 물론 쭉 같은 직업으로 살 수 있다면 좋겠지만 그건 내가 어찌할 수 없는 문제다. 내 글이 언제까지 유효할지 모르기 때문이다. 그래도 독자가 있는 한 팬이 있는 한은 최대한 열심히 최대한 끝까지 해보고 싶다.

2 :: 프리랜서의 월요병

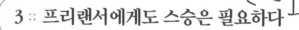

3 :: 프리랜서에게도 스승은 필요하다

직장이 없는 시대의 '일'의 미래
동료도 적도 없는 세상,
업무와 일상, 그사이의 시간들

1

언젠간 혼자
일하게 된다

언젠간 혼자 일하게 된다

작업실의
로망

♥

2015년 끄트머리, 드디어 전업을 했다.

"I'm the king of the world!"

아마 그때의 내 기분은 영화 〈타이타닉〉으로 아카데미를 휩쓴 감독 제임스 카메론과 비슷했을 거다. (물론 이룬 업적은 하늘과 땅 차이입니다만) 아무튼 골골대는 몸을 이끌고 나에게 맞는 일을 찾아보겠노라고 무던히도 애쓴 4년이었다. 그사이 안 해본 게 없다. 스트레스를 받아 3주 동안 제대로 먹지도 못하고 링거에만 의존하던 내가, 스트레스를 받아 잠도 제대로 못 자고 쓰러지던 내가, 어찌어찌해서 시간을 쥐어짜 이뤄낸 결과였기 때문이다.

덕분에 고백하면 내가 이룬 성취를 너무 과대평가했다. 당시 SNS에 남긴 글을 가끔 들춰볼 때가 있는데 나도 모르게 조용히 삭제 버튼을 누르거나 비공개 처리를 하게 되는 것이다.

사실 그때도 전형적인 회사원과는 조금 다르게 살긴 했다. 강사로 일을 했고 출퇴근 시간은 1 to 9이었다. 다행히 나에게 잘 맞았다. 올빼미과에 속하다 보니 차라리 늦게 일어나고 늦게 퇴근하는 편이 나았다. 게다가 다른 이들의 통근시간을 교묘하게 피할 수 있어 지옥철을 경험할 일이 없었다. 혹시라도 사정이 생기면 파트타임으로 근무 스케줄을 변경할 수도 있었다. 하지만 그렇다고 해서 '직장'이 직장이 아닌 것은 아니었다. 그곳에는 또라이 질량보존 법칙에 따라 말도 섞기 싫은 상사도 있었고 말 안 통하는 클라이언트도 있었으며 말로 매를 버는 동료도 있었다. 무엇보다 내가 결근을 하면 다른 사람이 투입되어 강의를 진행해야 하므로 아파도 결근할 수 없었다.

한번은 동료가 일이 생겨 두어 번 연거푸 자리를 비운 적이 있었는데 사무실 분위기가 매우 험악해졌다. 그 꼴을 보고서 나는 절대 빠지지 말아야겠다고 다짐했고 아픈 날에는 '기어서라도' 출근도장을 꼬박꼬박 찍었다. 덕분에 평판은 나쁘지 않았다. 오히려 성실히 일한다는 이야기를 종종 들었다. 매달 꼬박꼬박 들어오는 월급도 적지 않았다. 나는 5년이라는 짧다

면 짧은 직장인 시절에 부모님의 쌈짓돈을 털어 외국에 다녀
온 불효를 조금이나마 갚을 수 있었다.

그런데 나에게 문제가 있었다. 새로 직장을 다니기만 하면
꼭 3개월쯤에 고비가 왔다. 이상하게 일이 재미가 없어지는
거였다. 그나마 창의성을 발휘할 수 있게끔 자유를 주는 곳은
덜했는데 매뉴얼대로 강의를 해야 하고 녹화해 그걸 점수로
평가하는 곳에서는 나는 줄에 매달려 내 의지대로 움직이지
못하는 '퍼핏'과도 같았다. 거기에 강의시수가 늘어나기라도
하면 온종일 아픈 목을 쥐어짜 수업을 하고 상담을 하고 집에
가서는 단 한마디도 말을 못 하는 상황이 벌어지곤 했다.
　'아, 더이상은 이 일 못 하겠네.'
　직감적으로 그 생각이 들 때쯤 나는 결정의 기로에 놓여 있
었다. 당시 적금처럼 꾸준히 해오던 글쓰기가 반응이 나쁘지
않아 프리랜서 기자로 일을 해보지 않겠냐는 제의를 받은 거
다. 하지만 아무리 계산기를 두드려도 월급에는 한참 미치지
못하는 금액. 고민하다가 내 마음의 소리를 따라가기로 했다.
거래하는 세 곳을 믿고 과감하게 퇴직 의사를 밝히고 그렇게
마지막 직장에 이별을 고했다. 나는 드디어 5년간의 경력을
버리고 프리랜서로서 사회에 다시 발을 내딛게 되었다.

어릴 때부터 공간에 대한 욕심이 있었다. 하지만 쉽사리 드러내지도 아니 티도 내지 못했던 건 대식구였기 때문이다. 부모님, 할머니, 언니, 나까지 총 다섯이 살던 집은 지금 생각해보면 절대 작지 않았다. 하지만 방이 세 칸이어서 언니와 내가 한 방을 써야 했고 내 맘대로 포스터 하나 걸 수가 없었다. 집은 그냥 잠만 자는 곳이라는 인식이 컸고 그건 언니가 독립하고 내 방을 갖게 되었을 때도 마찬가지였다. 부모님께 생활비를 드리니 꼭 하숙생 같기도 했다.

그런데 결혼과 동시에 집에서 독립을 하면서 직장에서도 독립하게 되니 내 공간을 마음대로 꾸밀 기회가 생겼다. 몇 년 전부터 들락날락하던 작업실 사이트의 매물들을 어쩌면 이번에야말로 가질 수도 있을지 모른다는 생각에 가슴이 벅차올랐다. 그때부터 머릿속으로 후보군을 추리기 시작했다.

○ 코워킹 스페이스 ○

여럿이서 사무실을 쉐어하는 구조로 보증금 부담이 따로 없으며 발품을 크게 팔 일도 없다. 인테리어 및 집기가 모두 완벽하게 세팅되어 있어 몸만 들어가면 된다. 특히 강남지역에 코워킹 스페이스가 몰려 있는데 그 수가 많아 선택권이 넓다.

하지만 문제는 비용. 가격이 천차만별이기는 하지만 최소 30
만 원대부터 시작하고 교통비와 식비가 추가로 든다. 비용적
인 부담에 다소 사무적인 느낌이 강한 것도 나와는 맞지 않아
보류.

○ **작업실 쉐어** ○

가장 염두에 두었던 방안으로 작업실을 한 명이 임대하고
나머지에게 쉐어 비용을 받는 게 일반적이다. 보증금은 있지
만, 마지막 월세비용으로 대체하는 정도라 부담이 크지 않다.
인테리어는 어느 정도 되어 있는 곳이 많지만, 일부 집기는 개
인이 가져가야 한다. 대부분 '레인보우 큐브'라는 사이트를 통
해 알음알음 구하는데 매물이 많은 듯 보이지만 중복되는 경
우가 종종 있다. 비용은 책상 하나를 빌려 쓰는데 보통 월 20
만 원대. 개인실은 30만 원대로 올라간다. 코워킹 스페이스에
비하면 저렴한 편이나 상대적으로 다소 열악한 공간 구성 때
문에 보류.

○ 개인 사무실 ○

아예 가게를 얻는 것으로 발품도 직접 팔아야 하고 보증금과 월세도 혼자 감당해야 한다. 홍대나 합정 부근은 소형평수도 100만 원대가 많으며 아무리 저렴해도 50만 원 언저리. 더 저렴하면 지하일 가능성이 크다. 인테리어나 집기도 모두 알아서 세팅해야 한다. 다만, 오롯이 혼자 쓰는 공간이라 내 맘대로 꾸밀 수 있으며 그 어떤 걸 해도 뭐라 하는 이가 없다. 그야말로 Freedom!!! 몇 번 발품을 팔아보고 계약 직전까지 가기도 했으나 여러 가지 이유로 포기.

만약 거리적 금전적 제약이 없다면 제일 원하는 지역은 합정역 부근이었다. 우선 인천에서 한 번에 갈 수 있는 광역버스가 있고 다른 곳에 비해 가까워 50분에서 1시간 정도면 오갈수 있기 때문이었다. 무엇보다 동네 분위기가 마음에 들었다. 한번은 인터뷰하기 위해 새로운 장소를 수배했는데 합정역 부근 주택가에 있다는 거다. 한참을 헤매다가 도착했는데 구불구불한 골목이며 조용한 분위기며 목가적인 풍경이 내 취향이었다.
'홍대에 아직도 이런 곳이 있구나.'

만약 작업실을 얻는다면 이런 곳에 자리를 잡고 한쪽 벽면
은 책으로 꾸미고 야외 테라스에는 의자를 두고 쉬러 나와 커
피를 마시며 재충전을 해야지 하며 상상의 나래를 펼쳤다. 하
지만 현실은 호락호락하지 않았다. 임대료가… 임대료가…
더 긴말은 하지 않겠다.

그다음으로 후보에 올린 건 연희동이었다. 예전에 한 달 정
도 산 적이 있어 동네 분위기를 조금 알고 있었다. 단독주택이
즐비하고 젊은이들과 어르신들이 모여 사는 그 느낌이 좋았
다. 하지만 여기도 비용이 문제였다. 임대료가… 임대료가…
더 긴말은 하지 않겠다. 거기에 홍대까지 와서 한 번 더 마을
버스로 갈아타야 하는 번거로움도 있었다.

마지막으로, 내가 사는 고장으로 눈을 돌렸다.
'그래! 나야말로 인천 토박이 아닌가.'
태어나서 지금껏 외국생활 2년을 제외하고 한 번도 떠난 적
이 없는 내 고향. 물론 그간 이사 간 집들이 모두 걸어서 10분
이내에 위치하다 보니 지리적 지식이 아주 지엽적이기는 하
지만 그래도 인맥(?)과 연줄(?)을 동원하기에 가장 최적인 곳
이었다. 가장 먼저 교통이 제법 편리하고 카페가 즐비한 구월

동으로 떠났다. 수익을 낼 수 없기에 내가 생각한 예산은 보증금 500 미만에 월세 30 언저리. 하지만 이 돈으로는 이 빡빡한 돈으로는 인천 노른자 땅도 쉽지 않았다.

　네이버 부동산 코너를 매일 밤 들락날락하며 혼자서 쓴 잔의 고배를 마시던 어느 날, 매물 하나가 눈에 들어왔다. 월세 30만 원에 따로 방도 하나 달려 있단다.
　'피곤하면 그 안에서 낮잠도 자고 하면 되겠네?'
　그리하여 도착한 곳은 주택가 이면도로에서도 한참 들어간 곳. 정사각으로 빠진 공간 자체는 나쁘지 않았다. 방도 그 정도면 충분히 다리 쭉 뻗고 누울 만했다. 다소 미흡한 도배와 일어난 천장이 흠이기는 했지만 고쳐준다고 했다. 하지만 결과적으로 화장실이 야외에 있었다. 게다가 여러 사무실이 같이 공유하는 구조로 딱 옛날 푸세식 느낌이었다. 열쇠도 다른 사람이 가지고 있어서 당장 볼 수도 없단다.
　'30만 원에 뭘 바라냐.'
　며칠을 고민하다가 결국 포기하고 말았다. 그렇다. 나이를 먹어도 직업이 바뀌어도 작업실 마련의 로망은 쉽지 않은 거였다. 그리고 나의 아직 채 다 피지 못한 희망의 싹이 싹둑 잘리는 일이 벌어졌다. 급작스레 이사를 하게 된 것이다. 있던 돈을 영혼까지 끌어모아 계약하는 바람에 작업실은 꿈도 못 꾸게 되었다. 적어도 당분간은.

대신, 이사 간 집 거실을 아예 내 작업실로 꾸몄다. 밖에다가 얻는 금액을 떠올리며 조막손답지 않게 투자를 좀 했다. 찬넬 선반도 달고 벤치도 가져다 놓고 한쪽 벽면 페인트칠도 하고 50만 원을 들여 에어컨도 설치했다. 나는 여기서 밤마다 글을 쓴다. 주말에는 지인들을 초대하기도 하고 모임을 하기도 한다. 꿩 대신 닭이라는 심정으로 결정했지만 나름 만족한다.

우선, 나가는 비용이 0원이다.
둘, 나가는 비용이 0원이다.
셋, 나가는 비용이 0원이다.

프리랜서로 일하는 사람들을 만날 때면 꼭 작업실이 화제에 오른다.
"요즘엔 어디가 작업하기 좋아요?"
"오래 있어도 괜찮은 카페 있어요?"
"작업실 싸게 얻으셨던데 어디예요?"
서로 정보를 공유하기 위해 안테나를 바짝 세운다. 하지만 다들 비슷하다. 프리랜서로 독립을 했어도 자리를 잡기 전까지는 고정비용이 나가는 작업실은 무리란다. 대부분 동네 카페(특히 스타벅스)나 지자체에서 지원해주는 몇 안 되는 공간을 사용하거나 집에서 일한단다. 나 역시도 그중 하나가 아닌가. 게다가 혼자라면 괜찮은데 아이가 있거나 반려견이 있으면 밖에다 작업실을 얻기 쉽지 않다. 데리고 나갈 수도 없고 또 혼자 둘 수도 없으니 호기롭게 공간만 얻어놓고 비워놓기 일쑤란다.

"집에서 일해요."

"홈오피스 마련해놨어요."

"서재에서 작업해요."

결국은 이렇게 귀결되더라. 하지만 헛된 희망을 쉽사리 버리지 못하는 게 인간의 특성이다. 오늘도 나는 나만의 작업실을 꿈꾼다. 그야말로 로망인 작업실을 말이다.

나이를 먹어도 직업이 바뀌어도
작업실 마련의 로망은 쉽지 않았다.
이사간 집의 거실을 작업공간으로 꾸미며
나는 오늘도 나만의 작업실을 꿈꾼다.

프리랜서의
성수기와
비수기

♥

이사를 하고 난 뒤 반려견의 산책코스에 다소 변화가 있었다. 평소 다니던 길이 A라면 이건 A-1 정도랄까? 암튼 크게 달라질 건 없을 거라고 생각했는데 얼마 지나지 않아 이건 나의 오산이라는 게 밝혀졌다.

우리의 새 산책길은 매우 짧지만 차가 한 대도 오갈 수 없게 막아놓아서 그야말로 사람과 멍멍이들의 천국이었다. 그 길을 매일 오가며 꽃 냄새도 맡고 가끔은 앉아 쉬기도 하는데 여기에 꽤 오래된 원년멤버들이 있었다. 바로 할아버지 삼총사!

세 분의 인상착의는 비슷한 듯 꽤 달랐는데 관찰한 바에 따르면 이렇다.

한 분은 매일 반팔 셔츠에 면 반바지 그리고 중절모를 쓰고

다른 한 분은 다소 사람 좋은 표정에 특징 없는 옷차림으로
또 한 분은 늘 인상을 쓰고 계셔서 미간에 주름이 잡힌 채로 앉
아 계신다.

가끔 아이스크림을 사다 나눠 드시기도 하고 근처에 오는 트
럭 상인들과 잡담을 나누기도 하신다. 그런데 내가 좀 이상해
보이나 보다. 그도 그럴 것이 내가 이사한 게 마침 나의 '비수
기'였는데, 멀쩡해 보이는 처자가 매일같이 한낮에 강아지를
데리고 몹시 피곤해 보이는 얼굴로 돌아다니니 뭐 하는 사람인
가 싶으셨을 거다. 그러던 어느 날, 내게 질문을 던진 건 할아
버지 삼총사 근처에 계시던 할머니였다.
"근데 학생이여?"
모두의 이목이 쏠렸다. 티를 내지 않으려 애쓰셨지만 그게
못내 궁금하셨나 보다.
"아… 학생은 아니에요. 글 쓰는 사람인데요."
"작가여?"
"아… 기자예요. 작가기도 하고요."
그분들의 얼굴이 몹시 밝아졌다. 수수께끼의 미스터리한 처
자의 정체가 밝혀졌으니까 말이다.

프리랜서 기자 겸 작가로 전업을 하고 나서 4년이라는 사이클이 꼬박 돌고도 남을 정도의 시간이 지났다. 그러다 보니 직장인 때와는 무척 다른 직업이라는 게 실감이 난다. 우선, 이 직업에는 비수기와 성수기가 존재한다. 프리랜서가 아닌 그냥 기자라면 그런 게 없겠지만 일단은 적을 두지 않고 일을 하는 글쟁이에게 수도꼭지에서 물이 똑똑하고 한 방울씩 떨어지는 것만 같은 비수기는 8~9월 그리고 2~3월이다. 이렇게 이야기하면 눈치 빠른 분들은 알아차렸겠지만, 계절이 극한에 치닫는 때라고 볼 수 있겠다.

특히 나는 집필과 강의의 비율이 거의 비등비등할 정도로 가르치는 일이 많다. 그러니 일반인들이 뭔가 배우기에는 부담스러운 시즌이 나의 비수기가 되고 만다. 8월은 당연히 직장인들의 휴가시즌이라 그렇고 9월은 학생들의 개학시기라 그렇다. 그런 의미에서 보자면 2월은 직장인들의 한 해 마감과 새로운 분기 준비로, 3월은 개강과 학급 이동으로 그렇다. 아무튼 1년에 넉 달이 비수기에 해당하는 셈이다. 물론 성수기도 있다. 바로 6~7월과 10~11월이다. 그러니 8월에 나를 처음 만난 동네 할아버지들은 백수이거나 방학기간인 학생이라고 오해를 하신 셈이다.

전직을 하고 난 첫해에는 이게 참 적응이 되질 않았다. 어떻게 보면 1년에 4개월이 방학으로 주어지는 셈인데 이 시기를 어떻게 보내야 할지 도통 모르겠는 거다. 학생 타이틀을 떼어 버린 지 오래라 그냥 맘 놓고 쓰라는 식으로 주어지는 시간에 뭘 해야 할지 감이 오질 않았다. 게다가 내가 더는 싱글이 아 닌 점도 더해져 처음부터 사회생활을 다시 배우는 기분이 었다. 반면에 주변 사람들은 이 점을 부러워했다.

"넉 달이나? 완전 부럽다. 어디 해외여행이나 가. 딱이네."

"넉 달이나 떠나 있을 돈도 없지만, 가정이 있어 떠날 수도 없네."

이를테면 무급휴가라고 설명하자 그제야 지인들은 고개를 끄덕거리며 더는 부러워하지 않았다. 삶과 일의 균형을 외치 며 전직을 하고 난 뒤에 가급적이면 퐁당퐁당 (하루 외근하 면 하루 재택근무하는 시스템)으로 일을 하니 평수기에도 벌 리는 돈은 크지 않다. 그러니 무급휴가가 반갑지만은 않은 거 다. 게다가 글쓰기와 강의 모두 내가 좋아서 하는 일이니 쉬는 게 더 달갑지 않았다. 그냥 하던 일을 계속하고 싶었다. (이 글 도 추석 연휴기간에 쓰기 시작해서 이렇게 책으로 출간이 되 었습니다) 그렇게 발버둥을 치듯 시간을 보내며 어느새 나는 어떻게 하면 이 시기를 잘 활용하고 한 해의 플로우를 잘 탈 수 있는지를 조금이나마 깨우쳤다.

비수기를 잘 보내는 아름다운 지혜(라고 할 것까진 없습니다만 뭐…)는 대략 이렇다.

- 하나, 비수기에는 인풋을 늘린다. = 배움의 시간
- 둘, 돈이 많이 들지 않는 국내로 머무는 여행을 떠난다.
  = 짧지만 적당한 체류
- 셋, 집필 시간을 늘린다. = 글쓰기 집중
- 넷, 돈은 안 되지만 재밌는 활동을 해본다.
  = 의미 없지만 필요한 시간

지난 여름에는 네 가지를 모두 다 경험해봤다. 글쓰기를 더 많이 하고 싶어서 소설 습작을 시작했다. 취미로 하는 거라 스트레스보다는 재미가 더 크다. 새로 나올 책의 원고를 완성하고 교정을 본 뒤 넘겼다. 덕분에 3일 밤을 새웠다. 지인들과 북캉스로 영월을 다녀왔다. 남의 집 프로젝트로 내 공간을 오픈했다. 남아도는 시간을 가지고 셀프 리모델링을 진행했다. 덕분에 통장잔고에 도움이 되진 않았어도 마음만은 풍요로웠다.

하지만 앞으로도 넘어야 할 산과 풀어야 할 과제가 많다. 특히 비수기 때 낮과 밤이 완전히 바뀌어버리는 사이클은 변화가 시급하다. 한번은 낮에 엄마를 만났는데, 딸이 좀비꼴을 하고 있다는 것에 기막혀하시며 교양 있는 톤으로 말씀하셨다.

"하나야, 잠은 일찍 일찍 자야지. 이게 뭐야."

나는 태어날 때부터 올빼미과였다. 학교 다닐 때는 아무리 일찍 자도 일찍 일어나질 못했고 교실 맨 뒷자리에 앉아 헤드뱅잉을 하며 꾸벅꾸벅 졸기 일쑤였다. 성인이 된 후에는 일하는 주중에는 정상인처럼(?) 지내다가 주말만 되면 늦게 자고 몰아 자기를 시전했다. 덕분에 낮 11시는 내게는 아직 아침이다. 직업이 바뀌었다고 이게 달라졌을 리 없다. 똑같다.

성수기에는 아침 9시에도 강의가 있고 낮에도 인터뷰가 있고 심지어 주말에도 마감하니 비교적 규칙적이고 일반적인 생활패턴을 유지하지만, 비수기에는 밤을 새기 일쑤고 늦게 일어나는 건 다반사다. 게다가 원래 글을 밤 11시에서 새벽 2시 사이에 쓰는 터라 비교적 집필 일감만이 있는 이 시기에는 더 늦게 일을 시작하고 더 늦게 잠이 든다. 다행히 이제 그 시기가 지나갔지만, 계절은 돌고 도는 법. 앞으로 다가올 비수기를 대비해서라도 그때까지는 방책을 마련할 예정이다.

P.S. 혹시라도 좋은 방법이 있다면 알려주셔도 좋습니다. 피가 되고 살이 되는 조언이라고 생각하고 기억해 놓겠습니다.

동료도
적도
없는 세상

♥

내 마음대로 모든 걸 결정할 자유도 나 혼자서 모든 걸 해야 하는 외로움도 공존하는 이 세계. 거창하게 말했지만 1인 기업 대표도 혼족이 될 수도 있는 프리랜서라는 직업의 양면성을 말하는 거다. 물론 말도 안 되는 핑계로 업무를 떠넘기는 동료와 말 같지도 않은 궤변을 늘어놓는 상사를 경험한 적이 있는 사람이라면 이 직업이 외롭다는 걸 귓등으로도 듣지 않을 거라는 걸 알고 있다. 바로 내가 그랬으니까. 더더군다나 조직 안의 톱니바퀴처럼 한 조각의 부품이 되어 돌아가야 하는 걸 참지 못하는 사람이라면 혼자 모든 걸 결정하고 실행할수 있는 자유 때문에 외롭다는 지적을 한 귀로 듣고 한 귀로흘릴 거라는 걸 알고 있다. 바로 내가 그랬으니까.

하지만 5년간의 직장생활을 경험한 나는 축복이라고만 생각했던 '혼자 일하는 방식'이 어느 순간 버겁게 느껴졌다. 특히 마음이 통하는 동료가 없다는 점이 말이다.

(제대로 된) 첫 회사에 다니게 되었을 때 내 마음은 갈기갈기 찢겨 있었다. 두 번째 꿈을 잃고 난 후라 될 대로 되라는 식이었다. 이제는 정말 돈을 벌어 생활을 유지하는 어른스러운 삶에 정착할 때라고 생각했다. 그래서 가급적 조용히 살았다. 그 말 많던 내가 참 조용하고 얌전하다는 평가를 받을 정도였으니 말이다. 하지만 하루 대부분의 시간을 보내는 일터에서 나의 진정한 모습을 일부러 꼭꼭 감추기란 쉽지 않았다. 가면을 쓰고 사는 건 참으로 답답한 일이었다.

그러던 어느 날 새로 동료가 들어왔다. 그리고 운명처럼 내 옆자리를 쓰게 되었다. A는 캐나다에서 온 원어민이었다. 그녀와 난 키 차이가 무려 30cm가 나 겉으로 보기에 우리 둘은 참으로 어울리지 않는 조합이었다. 생긴 것도 정반대였다. 금발머리에 누가 봐도 서양인인 그녀와 까만 머리에 누가 봐도 동양인인 나는 공통점이라고는 하나도 찾아볼 수가 없었다. 하지만 죽이 잘 맞았다.

친해지게 된 건 영화 때문이었다. 이 직장에 오기 전까지 나는 영화일을 하겠다는 꿈을 품고 '시나리오 습작 수업'과 '영화

마케팅 수업'을 듣고 영화사 인턴을 거칠 정도로 영화광이었다. 하루는 자료실에 있는 팸플릿을 연도별로 정리하는데 검색을 하지 않아도 다 알겠는 거다. (지금은 절대 아닙니다. 극장에서 개봉영화를 한 달에 한 편 챙겨보면 많이 보는 정도이니까요) 나의 화제에는 늘 영화가 등장했는데 그녀도 같았다. 뿐만 아니라 뮤지컬이나 책과 같은 문화계 전반에 흥미를 느끼고 있어 이야기가 잘 통했다.

그리고 삶의 방식이나 지향점 같은 것도 비슷했달까? 흥청망청 쓰는 삶보다는 알뜰하고 소박한 삶을, 고급스럽고 화려하기보다는 수수하고 자연스러운 삶을 원했다. 그래서 우리의 퇴근 후 회동 장소는 공원이나 카페와 같이 큰돈 들지 않는 그런 곳이었다. 심지어 동료의 집은 절대 방문하지 않는다는 철칙을 깨고 그녀의 집에 놀러 가기도 했다. 그녀와 함께라면 어디든 좋았다. 무엇보다 솔직하게 말해 그녀에게 더 활짝 마음의 문을 열 수 있었던 건 원어민들은 1년 계약이 끝나면 모국으로 돌아가기 때문에 둘이 나눈 이야기는 밖으로 새어나가지 않기 때문이기도 했다. 대학원 진학 준비를 도와준 것도 그녀고 대학원 합격 소식을 제일 먼저 들은 것도 그녀였다. 덕분에 사회초년생으로 괴롭고 힘들었을 첫 회사생활이 잘 흘러갔고 나름대로 아름답게 마무리가 지어졌다.

세 번째 직장으로 옮겼을 때는 정반대의 일이 벌어졌다. 불문율을 깨고 한국인 동료와 친해진 거였다.

"회사 사람은 친구가 아니야"라는 말을 수도 없이 들어왔기에 절대 내 고민이나 사생활에 관해 이야기를 나누지 않겠다는 선을 분명히 그었는데 그 다짐이 와장창 무너져 내렸다. 이번에도 역시 '영화'라는 관심사 덕분이었다.

B는 몹시 바빴다. 파트타임으로 근무하기 때문에 자기 일을 제시간에 마무리하기에도 바빴다. 다른 사람을 화제로 올려 입방아 찧을 시간도 없을 정도로 바빴다. 그런데 그녀와 어느 순간 친해져 예술영화도 보러 가고 부천영화제 야외상영도 같이 보러 갔다. 심지어 배우자도 함께 만났다. 그녀만큼이나 그녀의 남편도 엄청난 영화광이었다. 아카이브를 들락거릴 정도로. 퇴근시간이 몹시 늦어도 누가 먼저랄 것 없이 자기 일이 끝나면 퇴근을 미루고 기다려 차를 마시거나 맥주를 한잔하면서 이런저런 이야기를 나눴다.

덕분에 말도 안 되는 행동을 일삼고 이간질하는 상사 때문에 위궤양에 걸려 퇴사를 고민하던 순간도 잘 넘길 수 있었고, (나름대로) 꽤 긴 시간을 채운 채 아름답게 마무리를 짓고 그만둘 수 있었다.

그리고, 드디어 나는 다시는 회사에 들어가지 않았다. (물

론 그 뒤로 왔다갔다 아주 짧게 근무한 적은 있으나 임시직이
었다) 다시는 동료라는 존재를 만날 수 없게 되었다. 처음에
는 그걸 신경 쓸 겨를도 없었다. 자리를 빨리 잡아야 했고 내
가 좋아하는 일을 업으로 삼을 수 있다는 게 좋기만 했다. 적
이 없는 프리랜서의 세상은 아름답기만 했다. 하지만 시간이
흘러 깨닫게 되었다. 이 역시 동전의 양면과도 같음을.

- 나를 지속적으로 괴롭히는 상사가 당연히 없다.
- 나를 지속적으로 괴롭히는 진상이 다행히도 없다.
- 나를 지속적으로 괴롭히는 사람이 있다면 그 거래처를 정리
  하면 된다.
- 그런다고 내 일자리가 사라지지는 않는다.

하지만

- 나의 고민을 나눌 동료가 당연히 없다.
- 나에게 조언을 해줄 선배가 당연히 없다.
- 나와 죽이 잘 맞는 클라이언트도 카톡 통보 하나면 더이상 볼
  일이 없다.
- 오래 일한다고 내 동료가 생기는 것은 아니다.

2년 차가 되었을 무렵 외로움이 극에 달했다. 더군다나 나는 혼자 있어도 중얼중얼하며 끊임없이 말하는 걸 좋아하는 인간이 아닌가? 말을 한마디도 하지 않고 집에서 일하는 날이면 과연 프리랜서의 삶을 택한 게 잘한 일인가 싶었다. 하지만 사람은 어떻게든 살기 마련이라고 3년 차가 되자 나름대로 방법을 찾았다. 아니 그 시간을 거치면서 가랑비에 옷이 젖듯 이어진 인연들이 지인이자 동료가 되어준 거다. 해답은 지속적인 딴짓에 있었다. 심야식당을 열고 북캉스를 떠나고 북토크를 진행하고 컨버세이션 클럽을 만들면서 알게 된 사람들과 SNS로 가늘고 길게 연락을 주고받다가 관심사가 맞다 싶으면 넌지시 다 같이 한번 보자고 구체적인 날짜를 박아 연락을 했다. 덕분에 지금은 그전만큼 외롭지는 않다. 비록 회사 동료처럼 매일 만나지는 못하지만, 서로의 필드는 무척이나 다르지만, 이 정도의 거리를 두니 바람이 술술 통해 쉬이 변하지 않는 관계를 만들어주니까 말이다.

그래도 여전히 가끔은 그립다. 따로 약속을 잡지 않아도 매일 같은 시간 같은 자리에서 같은 고민을 나누던 직장동료라는 존재가.

인터뷰에
미친
여자

♥

지난해 《직장 그만두지 않고 작가되기》를 출간하며 무수히 많이 들은 질문이 있다.

"직장 그만두지 않고 작가되기 라면서요? 근데 왜 작가님은 직장을 그만두신 거예요?"

그에 대한 대답은 간단하다. 작가로만 일하면 그만둘 필요가 없었을 텐데 기자로도 일해야 해서 그랬다. 그중에서도 인터뷰를 하기 위해서는 어쩔 수 없는 선택이었다. 전직하기 전 명예기자로 3년을 활동하면서 기사쓰기에 대한 갈증을 다 풀어낼 수 있었다. 성남, 수원, 대전을 비롯해 물 건너 제주까지 원정 취재를 다녀올 수 있었고 경기 스케치, 프리뷰, 리뷰 등의 다양한 기사를 쓸 수 있었다. 그런데 단 하나만큼은 내 마음껏 내 욕심껏 할 수가 없었다. 그건 바로 '인터뷰'였다. 대부분 스케줄이 주중에 잡히는 터라 직장인이었던 나는 기회를 잡을 수조차 없었다. 심지어는 주말에 진행할 수 있다면 시간이며 장소도 내가 다 맞출 수 있다고 어필도 해봤으나 경기를 코앞에 두고 막판 담금질을 하는 시기에 단독 인터뷰를 진행하는 건 불가능에 가까웠다. 다행히 이직을 준비하는 동안 두어 번 어렵사리 평일에 있는 기회를 낚아챌 수 있었다. 하지만 다시 재취업을 하면서는 엄두조차 낼 수 없게 되었고 늘 인터뷰 욕심에 목이 말라 있었다.

왜 인터뷰냐고 물을 수도 있겠다. 그에 대한 답은 잘 모르겠다. 다만, 외국생활을 2년 동안 하며 한국인을 어쩔 수 없이 일부러 피해야 했고 모국어를 잃고 살아야 했던 게 큰 이유로 작용하지 않았을까 싶다. 심지어 장난투로 지인에게 어려움을 호소하듯 말한 적도 있다.

"(웃으며) 살려주세요. 한국말이 너무 쓰고 싶어요."

해외 체류 전까지는 한국인이라는 사실만으로 그 사람이 반갑지는 않았다. (오히려 그게 더 이상하다) 하지만 돌아오고 난 뒤 나는 어느덧 한국어로 사람과 대화할 수 있다는 게, 한국어를 잘하는 사람을 만날 수 있다는 게, 더없이 신기하고 귀중하게 느껴졌다. 한번은 부모님이 말씀하시는 걸 듣다가 나도 모르게 "엄마 아빠는 왜 이렇게 한국말을 잘해?" 라고 황당한 소리를 늘어놓기도 했다. 그러니 생면부지의 사람을 만나 이야기를 나누는 인터뷰라는 기회는 모국어와 사람에게 목이 말라 있는 내게 마음껏 놀아보라는 식으로 멍석을 깔아주는 것만 같았다. 그러던 차에 인터뷰를 실컷 할 수 있는 프리랜서 기자로서의 전직 제의가 왔으니 그걸 덥석 물 수밖에 없었던 거다. 직업을 바꾸지 않고서는 불가능했다. 나는 그렇게 5년의 커리어를 버렸다.

그 후로는 아예 대놓고 인터뷰만을 전문으로 하는 기자로 살았다. 그런 지 벌써 햇수로 5년이 되었다. 그간 만났던 인터뷰이들은 작가, 래퍼, 모델, 디자이너, 배우, SNS 인플루언서, 유튜브 스타 등 그 면면이 화려했다. 그중에서도 내가 가장 반기는 사람은 모델들이었다. 태어날 때부터 작았던 나는 이름순이 아니라 키순이라면 늘 앞번호였다. 성인이 되어서도 160cm의 단신인 나는 친구들마저 다 고만고만했다. (원래 끼리끼리 논다고 하잖아요) 여자라면 180cm, 남자라면 190cm에 가까운 직업군의 인터뷰이를 만난다는 게 낯설기도 하고 부담스럽기도 했다.

'내가 키 큰 모델들이랑 무슨 이야기를 하지? 공통점도 없는데.'

하지만 그건 기우였다. 지금까지 만났던 이들은 정확히는 셀 수 없지만 적어도 60~70명가량은 될 거다. 그중에서도 태도가 안 좋았거나 불쾌했던 이가 거의 없다. 그게 정말 신기해 담당 실장님께 물어본 적이 있다.

"모델들은 왜 이렇게 다들 겸손하고 착해요?"

"아, 원래 그래요. 애들이 성격이 좋아요."

나름대로 그 이유를 생각해 보았다. 아무래도 쇼에 서기 위해서는 화보 촬영을 하기 위해서는 늘 선택을 받아야 하는 입장이니까 자신을 어필하는 데는 주저함이 없어야겠지만 그게 자칫 지나치거나 건방져 보이지 않기 위해서 늘 겸손한 자세로 임해야 하니 그게 몸에 밴 것이 아닐까 하고. 어쨌든 신인 모델이건 탑모델이건 누구를 만나도 내게 좋은 기억만 안겨줬다. 그 점 때문에 일을 그만두지 않을 수 있었다. 그들을 만나고 돌아오는 길에는 혼자 감동하고 혼자 벅차올라 스마트폰 메모패드에 인터뷰 내용이나 단상을 기록하기도 했고, 슬럼프에 빠져 힘들어하고 있거나 너무나도 절실한 태도로 다가오는 이를 만나면 속으로 따라 울기도 했다.

그런데 얼마 전 잠시 그 일을 쉬게 되었다. 프리랜서야 아무리 좋은 관계를 유지하더라도 여러 가지 이유로 더이상 함께 하지 못하게 되는 경우가 태반이다. 그래서 내가 영원한 동료나 클라이언트는 없다고 생각하는 것이기도 하고. 하지만 인터뷰 때문에 전직을 택하고 수입이 더 적고 미래가 불투명한 쪽을 택한 나로서는 큰 충격일 수밖에 없었다. 나는 큰일이 닥칠 때면 책상 밑에 기어들어가는 버릇이 있는데 이걸 가지고 퇴사를 결정하는 잣대로 삼은 적도 있었다. 힘든 일이 있어도 우는 일이 있어도 그만두지 않지만, 책상 밑에 기어들어가면 게임 끝이었다. 더 이상 감당할 수 없으니 그만두는 선택지밖에는 남지 않는 거다. 회사를 그만두면 그럴 일은 없을 줄 알았건만 인터뷰를 당분간 할 수 없게 되니 나도 모르게 테이블 밑으로 엉금엉금 기어들어갔다. 퇴근하고 돌아온 남편은 그 모습을 보고 놀란 눈치였다.

"그렇게 마음이 힘들어? 어쩜 좋아."

하지만 마음을 다잡기로 했다. 어떻게 보면 영영 이별 영 이별은 아니지 않은가? 나쁘게 끝난 것도 아니었다. 담당자와도 약속을 잡아둔 에이전시와도 좋게 이야기를 마쳤다. 정확히 말해 상황이 좀 안 좋아진 것일 뿐 원망해야 할 대상은 그 어디에도 없었다.

뒷문이 닫히면 앞문이 열린다고 했다. 사실 이건 내가 조언이랍시고 가까운 사람에게 한 말이기도 했다. 지금도 그 말이 옳다고 생각하지만, 막상 내 일이 되고 보니 그런 말로도 위로받을 수 없었다. 나는 내가 한 말을 또렷이 기억하려 애쓰면서 지나간 일에 연연하지 않기로 했다. 그래서 그동안 마음은 먹었지만 바쁜 스케줄 때문에 미뤄두었던 소설을 다시 쓰기로 했다. 아픔에는 시간이 필요했고 몰두할 대상이 필요했다. 수업을 하나 신청하고 매주 일요일에 있는 마감을 지키기 위해 그리고 또한 내 마음을 지키기 위해 글을 쓰고 고치고 완성해나갔다. 그 일은 퍽 즐거웠다. 원고료를 받기 위해서도 아닌데 글을 쓰지 않을 때도 소설을 생각했다. 어려운 시기는 지나갔고 나는 상황을 자연스럽게 받아들이기 시작했다. 그 어떤 일이 벌어지지 않아도 상관없다고 생각하면서.

맞다. 하나를 정정해야겠다. '뒷문이 닫히면 앞문이 열린다. 하지만 동시에는 아니다. 그래도 반드시 그렇게 된다.'
안녕과 이별을 늘 반복해야 하는 프리랜서로서의 삶이니 익숙해지는 수밖에. 결국엔 내가 선택한 거니까.

떼인 돈
받아드립니다

♥

낚시입니다. 죄송합니다. 유리 멘탈도 아닌 두부 멘탈인 제
가 남의 돈까지 받아다 줄 수 있을 리 없습니다. 하지만 적어
도 '돈을 떼이지는 않는다'는 점을 강조하고 싶었습니다. (그리
고 프리랜서의 작업료를 대신 받아주는 곳은 당연히 없습니
다. 쥐꼬리만 한 금액에서 수수료를 떼면 뭐가 남겠냐는 게 제
생각입니다)

많은 사람이 나랑 일할 때 깜짝 놀란다. 자랑은 아니지만,
솔직히 자랑이 아니라 사회생활을 하기에는 흠이라고 생각하
지만, 인상이나 성격 자체가 밝고 순해 보인단다. 그래서인지
일감을 의뢰할 때 무엇보다 금액을 이야기하지 않고 두루뭉
술하게 지나가려고 하다가 내가 얼마 이상이 아니면 작업을

할 수 없다고 돈 이야기로 선을 딱 그으면 당황한다. 물론 거의 반 이상의 확률로 좋은 클라이언트만 만난 편이지만 프리랜서를 애먹인다는 특히나 작가나 기자나 뭐 암튼 글밥을 먹고사는 사람들에게만 나타난다는 요상한(?) 클라이언트들도 있긴 했다. 그들이 보낸 제안은 공통적으로 다음과 같은 표현을 담고 있었다.

"추후에는 조금 더 신경 써서 챙겨드리겠습니다."
→ 지금은 제대로 못 준다는 뜻이다.

"앞으로의 성장 가능성이 점쳐지는바 저희와 함께하시면 큰 홍보 효과가 있을 것으로 생각합니다."
→ 돈 대신 광고효과로 퉁치자.

"좋은 취지로 하는 일이니 특별히 금액은 책정되어 있지 않지만, 수고료 조로 챙겨드리려고 생각하고 있습니다."
→ 푼돈 정도는 줄 수 있다.

"재능기부 형식으로 생각해주시면 될 것 같습니다."
→ 기부를 요구당할 정도의 여유는 없다.

이 네 가지는 내가 제일 먼저 걸러내는 거래처다. 미안하지만 내가 하는 일은 품이 든다. 취재하려면 교통비가 들고 준비하는 데 시간이 걸리며 원고를 송고하기 위해서는 적어도 노트북을 갖춰야 하며 전기세도 든다. 공짜가 아니다. 하지만 신기하게도 글쓰기=돈이 들지 않는 일이라고 생각하는 이가 꽤 있더라. 부모에게서 독립해서 내 한 몸은 나 스스로 건사해야 하기에 저런 생각을 가진 사람들과는 일을 할 수가 없다. 더군다나 내가 사는 곳은 도시라서 예능 삼시 세끼처럼 먹을 게 없으면 텃밭에서 상추나 무 같은 걸 쓱쓱 뽑아다가 돈 안 들이고 끼니를 때울 수가 없다. 고로, 나는 아예 애초에 아무리 큰 회사나 큰 건이라도 이런 경우라면 수락하지 않는다.

그다음으로는 제의가 오면 그곳이 어떤 기관인지 기업인지를 검색해서 확인한다. 일명 뒷조사(?)라고 할 수 있는데 대단한 걸 알아보지는 않는다. 그저 나 같은 프리랜서들에게 제대로 원고료를 지급하는지 아니면 제때 강사료를 정산해주는지 정도의 건실함을 체크한다. 그러다 보니 아무리 구미가 당기는 좋은 조건의 제안이라도 일단 홀딩하고 검토할 시간을 가진다. (그래 봤자 길어야 30분입니다) 그리고 괜찮겠다 싶으면 수락한다.

이후에도 넘어야 할 산은 있다. 정산을 해주기로 한 날이 되면 입금액을 확인하는 것인데 가끔 한 5%의 확률로 처리가 미뤄지거나 누락되는 경우가 있다. 이때는 이틀까지는 기다린다. 일반적으로 지급일은 5일과 10일인 경우가 많아서 그 날짜까지는 적어도 지켜본다. 그런데도 입금이 되지 않으면 즉시 연락을 한다.

"안녕하세요, ㅇㅇㅇ 담당자님. 지난번에 취재를 맡아서 진행한 최하나입니다. 정산 날짜를 5일로 알고 있는데 아직 입금이 확인되지 않아서요. 확인 부탁드립니다."

그러면 거의 99.999999%의 확률로 입금을 해준다. 답변은 대개 잊었다는 경우가 많다. 사람이 하는 일이니 실수가 생기는 건 당연한 일. 그래서 최대한 예의 바르게 연락을 하는 편이다. (자꾸 돈돈하니 제가 냉혈한이나 철면피라고 생각하실까 봐 밝혀둡니다. 전 그저 조막손일 뿐. 프리랜서는 소속이 없기에 아무도 제 급여를 챙겨주지 않습니다. 흑!)

생각보다 많은 프리랜서가 악성 거래처를 끊지 못하거나 돈 달라는 말을 하지 못해 당연히 받아야 할 보수를 떼이는 경우를 봤다. 특히나 건 바이 건으로 이뤄지는 계약 특성상 계약서 자체를 쓰지 않는 경우가 다수라 이럴 때는 증빙서류가 없다.

그래서 더 말하기 어려워한다. 간혹 오리발을 내미는 곳도 있고 아예 적반하장으로 사정이 어려워서 당분간 주기 어렵다고 하는 곳도 있단다. 하지만 집에 아무리 먹을 게 없어도 비상식량으로 찬장 한구석에 라면 한 봉지는 챙겨놓는 것처럼 그렇게 말한다 하더라도 계속 쪼면 (?) 돈이 나온다는 게 내 경험이다. 그래서 지금까지 5년 차 프리랜서 기자 겸 작가로 활동하며 돈을 떼인 적이 단 한 번도 없다. 다른 분야에서는 두각을 보인 적 없는 100%의 승률 되시겠다.

이건 사실 내가 직장을 다녀본 경험이 있기에 가능한 일이라는 생각은 든다. 그렇다. 직장인이었을 때도 나는 투사였다. 좋은 동료들과 합리적인 시스템 아래에서 근무하며 만족하고 있을 무렵, 사내에 루머가 하나 돌기 시작했다.

"요즘 어렵대. 돈이 잘 안 돈다는데? 지난번에 그만둔 ○○도 퇴직금을 아직 못 받았대."

안 좋은 소문은 대부분 사실이라는 걸 증명이라도 하듯, 급여가 조금씩 밀리기 시작했다. 처음에는 월급 당일 낮만 돼도 칼같이 입금되던 것이 하루를 넘기고 아예 더 늦어지는 경우도 생겼다. 그때마다 입금이 되지 않았다고 이야기를 하면 넣어주기는 했다. 하지만 월급날마다 그런 소리를 하는 것도 슬

슬 짜증이 나기 시작했다. 그런데 그 무렵 조금씩 급여액이 내 계산과 다르게 지급되기 시작했다. 본봉은 이상이 없는데 수당에서 미묘하게 차이가 나는 거다.

"요즘 돈 제대로 들어와요?"

가라앉은 사무실 분위기에도 불구하고 내가 운을 뗐다. 그러자 다들 조금씩 차이가 난다고 했다.

"저는 제대로 줬겠거니 해서 확인 안 해봤는데 어머나……."

그리고 그쯤부터 급여명세서도 주지 않았다. 그러니 일일이 확인해서 물어보지 않는 이상 대조할 방법이 없었다. 나는 수당을 수기로 기록하기 시작했다. 그 결과 몇만 원씩 차이가 났다. 안 되겠다 싶었다. 액수 문제가 아니라 기분이 좋지 않았다. 열심히 일했기에 더욱 배신감이 컸다. 결국 참지 못하고 사장실의 문을 두드렸다.

"저, 사장님. 이거 액수가 안 맞아요. 확인해주세요."

사장님은 당황하신 표정이었다.

"얼마나 차이가 나는데?"

"이번 달 2만 원이 덜 들어온 것 같아요. 꼭 확인해주세요."

그리고 다음 달 월급날에 같이 돌려받았다. 하지만 마음을 놓을 만하면 액수가 달라졌다. 결국, 퇴사할 때까지 수기로 일일이 기록해두는 촌극을 벌였다. 하지만 다른 동료들은 그렇게까지 하지 않았다.

"뭐, 큰돈도 아니고…. 일부러 이야기도 못할 것 같으면 그냥 가만히 있어야지…. 월급은 나오니까…."

그래도 나는 되바라진 직원이라는 소리를 들을지언정 돈을 제대로 못 받아 분해서 잠 못 드는 불면의 밤을 피할 수 있었다. 이 경험 때문에 다시 태어난 기분이었다. 떼인 돈을 받아내는 투사로 말이다.

여기에 나만의 개똥철학이 하나 더 있다. 좀 이상하게 들릴 수도 있는데 평균적인 고료나 강의료보다 과도하게 많은 액수를 제시하면 거절한다. 과도함의 범위는 평균에서 서너 배 이상을 부르는 경우다. 큰 금액을 부르면 혹할 거라고 생각하나 본데 나의 인생 경험상 뭐든지 받은 만큼 토해내야 한다. 아무런 조건 없이 말도 안 되는 큰 금액을 부르면 분명 숨겨진 요구사항이 있을 터. 나는 무조건 거절한다. (부자가 되기엔 글렀습니다. 저는 부자가 될 관상이 아닌가 봅니다)

- 내가 일한 만큼의 합당한 대가를 받는 것
- 급여를 떼이지 않고 제때 받는 것

나는 항상 이 두 가지만을 마음속에 새기며 일을 한다. 잠깐
하다 그만둘 직업이 아니기에 앞으로도 이순재 선생님처럼 조
금 더 꼼꼼하고 깐깐하게 따져가며 작업에만 집중하고 싶다.

일은 확실하게 하면서 작업비 정산은 흐지부지?
고생만 하고 떼일 수는 없는 법!
직장인도 마찬가지지만
프리랜서나 혼자 일하는 사람들은 특히,
자신의 권리를 스스로 챙길 줄 알아야 한다.

연도 줄도 없는
프리랜서의
필살기

♥

참으로 암담하기 짝이 없다. 아는 사람도 없고 관련 전공도 아니고 나이도 꽉 차서 직업을 바꿔 게다가 프리랜서로 먹고 살겠다니. 내 주변에 혹시 이런 사람이 있다면 무조건 말리고 볼 일이다.

- 출판계 아는 지인 0명
- 아는 작가 0명
- 그 흔하다는 책 좋아하는 친구 0명
- 글 좀 쓴다 하는 선후배 0명

하지만 사과나무 씨앗은 쓰레기통에 버리건 콘크리트 틈에 떨어지건 어디에 있건 결국 싹을 틔우고 열매를 맺기 마련. 이러쿵저러쿵 번지르르한 말을 늘어놨지만 뜻을 꺾기 어렵다는 말이다. 나 역시도 그랬다. 그렇기에 혹시라도 내 주변에 회사에 잘 다니고 있는데 일을 그만두고 프리랜서 기자나 작가가 되겠다는 사람이 있으면 좋은 말로 빙빙 돌려 회유하겠지만 결국 잘 되어서 다시 보자며 훈훈하게 마무리할 거다.

되기는 쉽지만 살아남기는 어려운 글의 세계. 아니 프리랜서의 세계. 나 역시도 호기롭게 발을 들인 이곳에서 살아남기 위해 부단히 애를 썼다. 하지만 이 표현은 사실 좀 적절치가 않다. 좋아서 시작한 일이기에 그렇게까지 고생스럽다는 생각은 하지 않았기 때문인데 옆에서 그 모습을 말없이 다 지켜본 신랑은 꼭 그렇지만도 않단다.

"처음에는 아후… 보기 딱했어."

사람은 역지사지의 입장이 되어보아야 한다고 경력도 없고 검증도 덜 되고 나이만 많은 나를 쓸 생각을 한다는 게 사실 클라이언트 입장에서도 부담이었을지도 모른다. 하지만 어쨌든 'One Pick'을 받았으니 최선을 다해야 했다. 나를 선택해준 게 후회로 남지 않게 최선의 결과물을 내야 했다. 그 노력이 통했는지 나는 현재 굶어 죽지 않고 일이 끊기지 않고 가늘고 길게 살아남으며 5년 차 프리랜서 기자 겸 작가로 살아가고 있다.

"에너지가 많은 거 같아요. 어떻게 그렇게 다양한 일을 하세요?"

가끔 이런 칭찬 섞인 질문을 받기도 하는데 그럴 때마다 사실 겸연쩍다. 그건 바로 내가 일을 많이 벌여서가 아니라 할 때마다 온 세상에 대문짝만하게 알리기 때문이다. 페이스북, 인스타그램, 블로그 등에 포스팅하고 링크를 걸어두니 작은 일도 크게 보일 수밖에. 그래서 거꾸로 이렇게 답한다.

"저는 직장인분들이 더 대단한 거 같아요. 저는 어쩌다 한 번 하는 일을 올리는 거지만 따지고 보면 직장인분들은 월요일부터 금요일까지 매주 5일 한 달 꼬박 무언가를 하고 계시잖아요. 거기에 비하면 저는 아직 갈 길이 멀죠."

어쨌든 내가 여태까지 살아남은 건 '뭔가 있으니까 그렇겠지' 하고 의심의 눈초리를 거두지 않는 이들이 있을 것 같아 드디어 나만의 생존키트이자 필살기를 공개한다.

* 주의: 앞으로 제가 말씀드리는 것들은 어찌 보면 모범생이 '교과서로만 공부했어요' 라든지 공시합격생이 '최선을 다했어요' 하는 식의 아주 타당하지만 쓸모없는 팁이라고 생각될지도 모르겠다는 걸 미리 밝혀둡니다.

하나, 상대를 매우 반긴다.

이건 아무나 할 수 있으면서도 아무나 할 수 없기도 하다. 성격검사를 통해 밝혀졌지만 내 성격은 외향성 70%와 내향성 30%로 구성되어 있는데 바깥일을 할 때면 외향성이 100%가 되다 못해 폭발한다. 한 번도 본 적 없고 만난 적도 없는데 싱글싱글 웃으며 손을 흔든다든가 아무렇지도 않게 말을 걸고 대화를 이어가다 보니 꼭 오해를 산다. 상대가 이렇게 물어본 적도 있다.

"저희 만난 적이 있던가요?"

"......"

그렇다. 한 번도 없다. 나는 일적으로 사람을 만날 때 항상 여러 번 본 사람이라거나 나랑 친한 사람이라고 생각하고 대한다. 이건 캐나다에서 공부할 때 한국인을 오랫동안 어쩔 수 없이 일부러 피해야 했기에 생긴 버릇인 것 같기도 하다. 인터뷰를 나가도 꼭 그런다. 먼저 악수를 청하기도 하고 대답을 들으며 비슷한 경험이 있으면 인터뷰이와 공유한다. 한번은 패션위크 때 인터뷰를 진행했는데 상대가 집에서 쇼장까지 오가는 게 체력적으로 많이 힘들었단다.

"그럼, 서울이 아니라 다른 지역에 사시나 봐요."

"네, 저 인천에 살아요."

"정말요? 저도 인천 토박이인데. 어느 동네세요?"

"○○동이요."

"엇! 저 그 근처에서 오래 살았는데 혹시 근처에 유명한 ××××시장 아세요?"

"그럼요. 저 바로 그 건너편에 사는데요."

"설마 혹시 ×××아파트 아세요? 저 결혼 전까지 거기서 살았는데…."

"네? 저는 그 바로 옆 ○○○에 살아요."

"이야, 동네에서 한 번 만났을 수도 있겠는데요? 근데 어쩌죠…. 저 평소에는 너무 편하게 입고 다녀서 (하하하)."

"괜찮아요. 저도 트레이닝복만 줄창 입고 다니는 데요."

"나중에 ○○○에서 한번 볼까요?"

"싸이버거라도 한번 같이 먹을까요?"

물론 우리가 동네에서 무릎이 튀어나온 바지를 입고 함께 햄버거를 우적우적 먹으며 수다를 떨진 않았다. 그런 일은 없었다. 하지만 편하게 대화를 나누다 보니 어느덧 인터뷰이가 나를 이웃주민 혹은 동네 아줌마로 생각해줘서 일이 잘 풀리게 되는 거다. 그렇다. 이게 바로 내 첫 번째 필살기다. 사람 반기기. 마치 성격 좋은 댕댕이가 낯선 이 앞에 발라당 누워 배를 보여주는 것처럼.

둘, 상대방이 하는 이야기는 뇌수가 나올 정도로 집중해서 듣는다.

내 특유의 과장법이 섞이기는 했으나 사실이다. 인터뷰를 할 때는 두 가지 방법이 있다. 하나는 노트북을 가져가서 상대방이 하는 말을 바로 받아 적는 것과 녹음기만 켜놓고 대화를 한 뒤 녹취를 풀어 기사를 쓰는 것이다. 둘 중에 좀 더 효과적이고 정확한 건 전자겠지만 나는 후자를 선호하는 편이다. 그이유는 이야기를 나누는 순간에만 집중하고 싶어서. 물론 내가 적이 있는 기자라면 불가능할 거다. 하루에도 기사를 몇 개씩 써야 하고 인터뷰를 몇 탕씩 소화해야 하는데 일부러 오랜 시간이 걸리는 방식을 선택할 순 없을 거다. 하지만 나는 비교적 여유가 있는 프리랜서 기자가 아닌가. 한 번도 노트북을 들고 인터뷰를 진행하지 않았다. 그냥 그 사람과의 시간을 1초라도 더 눈에 머릿속에 가슴에 담아두고 싶었다.

그리고 가급적이면 하루에 한 탕만(?) 뛰려고 한다. 한번은 세 명을 연달아 인터뷰한 적이 있었는데 나 스스로도 지친다는 걸 느꼈다. 그리고 뒤로 갈수록 시간이 짧아진다는 것도 느꼈고. 그 후로는 웬만하면 한 번에 한 사람. 하루에 단 한 명만을 인터뷰한다. (스케줄 상 두 팀까지는 진행하기도 하지만 특별한 행사가 아니면 그러지 않는다) 그리고 돌아가는 순간에도 그 사람과의 대화를 복기하며 여운에 젖어 귀가하는 거다. 그러다 보니 기사를 쓸 때도 시간이 오래 걸리지 않았다. 정말 인터뷰이가 한 말이 하나하나 고스란히 생각난다. 녹음파일은 그야말로 팩트 확인용으로만 사용했다. 그 모습을 본 신랑은 고개를 절레절레 흔들었다. 꼭 뭐에 쏀 사람 같다고. 그렇게 밤새 기사를 작성하고 송고 버튼을 누르고 나면 이튿날 늦게까지 실신한 듯 잠을 잔다. 몹시 피곤하다. 그래서 인터뷰 일정은 연달아 잡지 않는다. 내가 생각해도 배가 불렀다. 부자가 되긴 글렀나 보다.

셋, 상대방을 칭찬해준다.

김영란법이 시행되기 전이나 후나 웬만해서는 선물을 보내지는 않는다. 대신에 상대방이 잘했거나 열심히 하면 반드시 고맙다는 표현을 한다. 가능하면 즉시.

공공기관에서 글쓰기 수업을 진행한 적이 있다. 각종 행사가 몰린 탓에 담당자가 많이 지쳐 있는 것 같았다. 새벽 시간에 메일이 와있기도 했다. 그런 와중에도 수강생들을 위해 간식을 꼬박꼬박 챙겨주고 불편한 점은 없는지 필요한 건 없는지를 매시간 찾아와 물어봤다. 알고 보니 첫 발령지라고 했다. 사회초년생이었던 거다. 회사에 다닐 때 나는 항상 칭찬에 목이 말라 있었다. 직장생활을 해본 사람들은 알겠지만 일이라는 게 잘하면 그냥 넘어가고 못하면 욕을 먹는 게 일반적. 잘한 일에 대해서 아무도 낯 뜨거운(?) 칭찬을 일부러 건네려고 하지 않는다. 나는 그게 몹시 불만이었다. 몇 번 엄마에게 하소연했더니 이런 대답이 돌아왔다.

"하나야, 회사는 돈을 버는 곳이야. 너 칭찬해주는 곳이 아니야. 바라지 마."

맞다. 그래도 나는 칭찬이 몹시 고팠다. 그 마음이 기억나서 몹시 지친 담당자의 등을 두드려주며 말했다.

"엄청 바쁘시죠? 다 알아요. 수강생들이 고마워하고 있어요. 잘 챙겨주신다고요. 저도 덕분에 즐겁게 하고 있습니다. 든든합니다. 그래도 좀 쉬엄쉬엄하세요."

주제넘은 말일지는 모르겠지만 나는 그렇게 하는 게 당연하다고 생각했다.

이 세 가지가 연줄 없는 나의 필살기 되시겠다. 이 밖에 또 있냐고? 없다. 아니다. 정정하겠다. 하나 있다! 너무나도 당연한 거지만 추가해보자.

하나 더, 계약서에 쓰여 있는 날짜는 무슨 일이 있어도 꼭 지킨다.

책을 계약하고 난 후에 일이다. 이상하게 항상 날짜가 연휴와 겹치는 거다. 그것도 민족의 대명절과. 며칠 정도야 편집자에게 미리 이야기하면 사정을 잘 들어준단다. 잠수를 탈 것도 아니고 마감일을 많이 어긴 것도 아니니 사전에 말하면 웬만하면 거절하는 경우는 없단다. 하지만 고지식한 나는 다른 장점이라고는 하나도 없는 나는 그 날짜에 무조건 맞추기로 했다. 덕분에 설에도 추석에도 글을 쓰고 마감을 했다. 편집장님은 이에 고마워하셨다. 나처럼 칭찬을 잊지 않으시는 분인가 보다. 감사하다.

나는 10년 차 20년 차 프리랜서 기자 겸 작가를 꿈꾸고 있다. 그러려면 초심이 중요할 거다. 내가 필살기라고 말한 것들이 부디 무뎌지지 않기를 바라는 마음에 일부러 이 글을 썼다. 마음이 흔들릴 때마다 어깨가 조금씩 올라가는 일이 생길 때마다 꺼내볼 요량으로.

N잡러의
탄생

♥

일을 할수록 나는 누구인지 내 직업은 무엇인지 헷갈린다.
그래서 지혜롭기로 유명하지만 팩트폭행을 서슴지 않는 엄마
에게 슬쩍 물어봤다.

"엄마, 나는 프리랜서야 아니면 예술가야?"

"기인이지."

"……."

"엄마, 그러면 나는 기자야 아니면 작가야?"

"반백수지."

"……."

내가 상대를 잘못 골랐음을 여실히 깨닫는 순간이었다. 그
랬다. 프리랜서라고 나를 부를 수는 있지만 그 자체가 직업을
말해주는 건 아니다. 프리랜서 작가, 프리랜서 기자, 프리랜서

번역가, 프리랜서 강사 등 뒤에 붙는 게 무엇이냐에 따라 정확히 내가 무슨 일을 하는지를 규정지을 수 있는데 점점 벌이는 일이 많아지다 보니 나조차도 헷갈리는 순간이 찾아온 거다. 그리고 이걸 지켜보는 부모님의 입장에서는 무슨 일을 하는지 감이 안 오시는 거고.

2년 전, 조그마한 일을 벌였다. 어학원에서 강사로 일한 경력이 너무 아깝기도 하고 영어를 원래 좋아하기도 했기에 이를 이용할 궁리를 한 거다.

'내가 얼마나 갖은 고생을 하며 배운 건데!!!'

그랬다. 나는 약간의 속물근성도 있었다. 들인 돈과 시간을 생각해보니 써먹지 못하는 게 너무 낭비라는 생각도 들었다. 그래서 '컨버세이션 클럽'이라고 해서 영어로 대화를 하며 공부를 하는 아주 이상적인 형태(?)의 모임을 만들었다. 회비는 한 달에 4만 원. 동호회도 아니고 수업도 아니지만 내가 리더이자 강사가 되어 매시간 주제를 선정해 스크립트를 짜고 그걸 가지고 중요한 표현을 함께 공부하고 프리토킹을 하는 시간을 가졌다.

사실 이건 내가 캐나다에서 경험해본 방식이기도 했다. 당시 나는 파트타임으로 학원에 다니고 있었는데 한 반에 인원

수가 꽤 되어서 (특히 초급과 중급반은 심했다. 최대 20명까지 함께 수업을 들었다) 정작 말을 할 기회가 없는 거다. 내가 낸 학비를 시간당으로 계산해봤을 때 한마디도 하지 않고 가면 너무 큰돈을 낭비하는 셈이었다. (맞습니다. 저는 조막손이 아니겠습니까?) 나중에는 고급반에서 멕시칸과 유러피안이 있는 사이에서도 지지 않고 말로 따발총을 쏘아가며 파이터본능을 발휘했다. 난상토론이 벌어질 정도로 누구 하나 지지 않는 치열한 전쟁터와도 같았다. 그건 순전히 다 돈 때문이었다.

아무튼, 그렇게 되기 전에는 자신이 영 없던 터라 학원 수업이 끝난 뒤 그룹과외를 신청했다. 일명 '컨버세이션 클럽'이라고 부르는데, 비슷한 레벨의 최대 4명 정도가 한 명의 원어민 튜터와 함께 자유롭게 대화를 나누는 시스템이었다. 매번 특정 주제와 질문을 주고 번갈아가며 답변을 하면 강사가 이를 받아 적고 correction을 주는 형태였다. 잘 짜인 커리큘럼도 쾌적한 시설도 갖추지 못했지만, 마음껏 말을 할 수 있고 내가 알아채지 못하는 실수를 잡아내줘 교정할 수 있다는 게 참 좋았다.

그래서 그걸 해보기로 한 거다. 하지만 이미 전직을 하기도 했고 큰돈을 받고 진행하기보다는 퇴근 후 한 시간 잠깐 모여서 놀 듯이 공부를 하는 형태로 가닥을 잡았다.

'사람이 모일까?'

슬며시 SNS에 공지를 올렸다. 그런데 신청자가 꽤 많았다. 선착순으로 마감이 될 정도로. 그리고 그렇게 딴짓이자 새로운 부업의 항해가 시작되었다. 매주 금요일 퇴근 후 한 시간 동안 매번 모르는 사람들이 모여 자기소개를 한 뒤 관심사를 가지고 이야기를 나눴다. 처음에는 참가자들이 그걸 부담스러워하는 듯 보였다. 내가 애초에 생각했던 역할은 이야기를 나누게 하고 나는 그걸 기록해두었다가 따로 제공하는 것이었는데 어느 순간 내가 멍석을 깔고 즉석에서 고쳐주지 않으면 안 되게 변해버렸다. 특히나 참가자들은 즉각적으로 교정된 문장을 알고 싶어 했다. 그렇게 조금씩 방향이 바뀌고 반년이 지났을 무렵 자료를 만들고 사람을 모으고 뒤풀이를 하는 게 익숙해졌고 또 다른 재미와 보람을 크게 느꼈다.

그런데 내가 간과한 게 한 가지 있었다. 성인의 경우 아무리 의욕이 넘쳐도 한두 달 이상 꾸준히 나오기 힘들다는 것. 고정 멤버처럼 여겨지던 사람들이 나가고 새로운 멤버가 잘 충원되지 않으니 어느 순간 모임이 와해되고 있었다. 결국, 7개월 차에 잠시 멈춰가기로 했다. 나 역시도 지친 상태였다. 재미는 있었지만, 이걸 부업 이상으로 가져가기에는 쏟아야 할 에너지가 많았다. 회비를 올리는 방법도 있었으나 그러고 싶지는 않았다. 그러면 정말로 서로에게 큰 부담이 될 것 같았고 전업 영어강사로 일하시는 분들도 많은 데 굳이 나에게 배울 필요가 있을까 싶었다. 그렇게 아름다운 마무리를 짓고 우리의 컨버세이션 클럽은 막을 내렸다.

그 후로 나를 부르는 호칭이 다양해졌다. 당시 내 글쓰기 수업을 들었던 분이 컨버세이션 클럽에도 꽤 오래 참석하셨는데 처음에는 '작가님'이라고 부르더니 어느새 '강사님'으로 부르기 시작하셨다. 뭔가 신기했다. 나는 그냥 각자 편한 대로 나를 부르게 내버려 두었다. 그랬더니 인터뷰를 하러 가면 '기자'가 되고 출판사와 이야기할 때는 '작가'가 되고 컨버세이션 클럽을 갈 때는 '강사'가 되어 있었다.

그뿐만이 아니다. 취재가 뜸해지는 비수기에 모르는 사람들을 이끌고 '북캉스'라는 행사를 기획해 진행하기도 했다. 1회는 강화도에서 2회는 북촌 한옥에서 진행했는데 재미는 있었지만 숙소 선정과 모객 그리고 안전에 대한 부담이 컸다. 1박 2일이라도 생면부지의 사람들을 이끌고 여행을 간다는 건 심장이 밖으로 터져 나올 것 같은 두려움과 걱정을 선사하기 이르렀다. 결국, 3회부터는 지인과 지인의 지인 정도만 알음알음 신청을 받기로 하고 영월로 떠났다. 수익이 나는 일은 아니지만, 사람을 좀 더 깊이 알게 되고 좋은 공간에서 같은 감정을 공유할 수 있어 뜻깊은 시간이었다.

이제는 여기에 호칭이 두 개가 더 늘었는데 바로 '코치'와 '호스트'다. 온라인으로 글쓰기 강의를 진행하는데 방식이 특이하다. 주 5일 치 학습자료를 제공하고 1주일에 한 번은 첨삭을 해주는 건데 그러다 보니 얼굴을 마주하는 것도 아니고 아무래도 자기가 주도해서 학습하는 형태라 관계자분들이 나를 '코치'라고 부르시는 거다. 내 집을 남에게 오픈하고 이야기를 나누는 프로젝트를 신청하고 진행하게 되니 모임의 '호스트'란다. 덕분에 이날만은 커피를 내리고 스콘을 굽는 사람이 되어버렸다.

엄밀히 말해 '작가'와 '기자' 외에 내가 하는 일들은 'Job'이라고 하기에는 좀 부끄러운 수준이다. 아직까지는 내가 모든 걸다 챙길 역량이 되지 않기도 하고. 하지만 어떤 호칭으로 불려도 난 기분이 좋다. 어쨌든 나는 나니까. 그래서 요즘에는 대놓고 또 다른 딴짓과 사이드잡을 구상 중이다.

여기에는 몇 가지 나만의 기준이 있는데 이 정도 되시겠다.

- 하나, 지속 가능할 정도의 수익은 남아야 한다.
  (큰돈이 아니라 교통비 혹은 수고비 정도)
- 둘, 본업을 해치지 않을 정도여야 한다.
  (그래도 글 쓰는 사람으로서의 정체성은 버리고 싶지 않음)
- 셋, 내가 순수하게 즐기고 재미 있는 일이어야 한다.
  (추상적이긴 하지만 사이드잡을 하며 굳이 스트레스까지
  받을 필요는 없음)

지금 나의 리스트에 올라있는 건 로컬 가이드, 스토리텔링 행사, 에어비앤비 정도다. 물론 셋 다 당장 하기에는 힘들 거다. 우선, 나의 골골대는 체력으로는 돈을 받으며 사람들을 이끌고 다니는 건 무리다. 운동이 시급하다. 또한, 마땅한 장소가 없다. 대관까지 해서 행사를 진행하는 것은 무리다. 공간이 필요하다. 마지막으로는 조그마한 집도 이제 막 마련을 했는데 남을 재울 집이라니. 돈벼락이라도 맞아야 한다.

그래도 꾸준히 어떤 일을 더 할지를 리스트업 해두고 지워가다 보면 하나 정도는 남지 않을까? 그래서 나는 오늘도 N잡러를 꿈꾼다.

로우 리스크
로우 리턴

♥

나는 조막손이다. 나는 모지리다. 적어도 우리 부모님 말씀에 의하면 그렇다. 처음에는 무조건 아니라고 박박 우겼는데 자꾸 듣다 보니 세뇌가 된 건지 어느 순간 '아, 그런가?' 싶어지는 기다. 그래시 곰곰이 그간의 행석을 되놀아보았다.

- 결혼 준비과정+결혼식+신혼여행 = 총 300만 원
- 집 리모델링 = 총 130만 원
- 홍콩 여행 쇼핑금액 = 총 2만 원

갑자기 고개를 끄덕거리게 된다. 그런 것 같다. 인정할 때가 왔다. 워낙 돈 쓰는 걸 별로 안 좋아하고 사회생활을 하면서도 누구는 탕진잼이라고 쇼핑이라도 하면 스트레스가 풀린다는

데 나는 거꾸로 더 스트레스를 받기만 했다. 그런데 좀 억울하기도 하다. 유전자의 탓도 크겠지만 내가 이렇게 된 데는 엄마의 훈육방식이 큰 몫을 차지했음이 틀림없다.

어릴 때 별명이 '오백 원'이었다. 맨날 엄마한테 오백 원만 달라고 해서. 과자를 사 먹고 싶다고 조르면 엄마는 오백 원짜리 두루미인지 학이 그려져 있는 동전 하나를 주셨는데 그걸로는 제일 저렴한 걸 딱 한 봉지 살 수 있었다. 비등비등하게 맛있는 걸 발견하면 '소피의 선택'을 능가할 정도로 고심하고 고심한 끝에 눈물을 흘리며 하나만 집어 계산해야만 했다.

덕분에 커서도 내내 갖고 싶은 건 무조건 딱 하나만 사는 버릇이 생겼다. 마음에 드는 옷을 두 벌 고르고 한참을 고민하다가 결정을 못 하겠으면 "어느 것을 고를까요~ 알아맞혀 보세요~"를 해서 한 벌만 샀다.

한번은 상해에 놀러 갔다가 7천 원도 안 하는 바지와 치마를 들고 고민하는 모습을 본 지인이 오랜 기다림에 지쳤는지 약간 짜증을 내며 둘 다 사라고 했다.

"그거 얼마나 한다고. 마음에 들면 둘 다 사."

그제야 나는 마법에서 풀린 것 같았다. 아, 두 개를 다 사도 되는구나. 그래도 상관이 없구나 하고. 하지만 사람은 쉽게 변하지 않는다. 나는 여전히 금욕주의까지는 아니더라도 그에 가까운 실용주의와 합리주의 노선을 걷고 있다. 거창하게 포장해서 그렇지 한 마디로 찌질하게 군다는 소리다.

그런 내가 전직을 하게 되었으니 이번에는 많은 돈을 들일 법도 하다. 투자해야 할 때인 것이다. 내 주변에 1인 기업을 포함해서 창업 비스무리한 걸 한 사람들은 최소 천만 원은 있어야 시작해볼 만하다고 했다. 계산기를 두드려보면 더욱더 자명해진다.

- 일단, 사무실이나 작업실이나 가게를 하나 얻는다.
  → 보증금 500만 원에 월세 30만 원
- 다음으로, 각종 잡비가 든다.
  → 관리비 5만 원에 전기세 및 수도세 포함 총 10만 원
- 또한, 기본 집기류를 구입해야 한다.
  → 에어컨 설치 및 테이블 등 각종 가구류 총 200만 원
- 마지막으로, 기본 장비를 세팅해야 한다.
  → 기본적으로 노트북과 외장하드 그리고 프린터 등을 포함 총 200만 원

나는 이게 잘못되었다고는 절대 생각하지 않는다. 업종에

따라 잦은 미팅이 필요할 경우 접객을 하거나 회의를 할 장소가 필요한데 집에서 할 수는 없지 않은가? 또한, 어느 정도 구색을 갖춰야 일할 맛이 나는 것도 사실이다. 여름이면 덥고 겨울이면 추운 공간에 누가 머물고 싶겠는가. 새로운 시작에는 투자가 필요한 법.

하지만 다행히 내가 발을 담그게 된 직종은 디지털 노마드와 재택근무에 최적화되어 있지 뭔가? 글을 쓰는 데 필요한 장소는 전기를 사용할 수 있고 인터넷이 터지면 그만이다. 오그라들지 않을 정도의 안락한 테이블과 의자가 있으면 좋다. 마지막으로 글을 쓸 컴퓨터나 노트북이 필요하다. 이게 끝이다. 그런데 오호라? 나는 새로 사지 않아도 이 모든 걸 이미 가지고 있었다. 만수르도 아닌데.

그리하여 독립이자 프리랜서 선언에 든 최초 투자비용은 0원이다. 정말 10원도 들지 않았다. 품목별로 보면 이렇다.

- **작업실** : 임대료 0원
- **노트북** : 쓰던 거라 0원
- **테이블** : 있던 거라 0원
- **의자** : 사둔 거라 0원

가끔 시즌이 바뀌면 기분전환을 한다고 소모품을 사기도 하는데 그건 정말 소소하고 미미한 수준이라 가계부에 적기도 좀 그렇다. 여기서 욕심을 낼 법한 장비도 있는데 그건 바로 노트북이다. 7년 전에 구입했고 당시에도 기본 사양에 가까운 모델이었던 터라 헤비한 프로그램은 돌아가지 않는다. 인디자인 무료 체험판을 설치해봤는데 1도 돌아가지 않고 버벅대더라. 당연히 그래픽 프로그램도 설치할 때부터 튕긴다. 게임은 원래부터 안 해서 다운로드도 받지 않았지만 100% 안 될 것이라 확신한다. 두어 번 포맷하는 바람에 설정을 바꾸기는 했지만, 다행히 중요한 자료들은 대부분 가지고 있다. 가끔 신랑은 조금 더 투자해서 노트북을 바꾸라고도 하는데 아직까지 망설이는 중이다. 3년째 말이다.

그다음으로는 외장하드에 욕심을 부려볼 만도 한데 문서 파일은 용량이 매우 매우 극심하게 적어 USB로 웬만한 건 다 커버가 되는 편이며 그나마 PPT나 사진과 같은 파일은 포털사이트 메일 서비스에서 '나에게 보내기'를 활용하니 별 불편함이 없다. 그래서 여전히 나는 한글 프로그램으로 글을 쓰고 저장한 다음 내 메일 주소로 보내 놓는다. 모바일로 작업한 거라면 PC 버전 카카오톡을 이용해 나에게 보내놓고 다운로드한다.

사볼까 생각한 적은 있는데 항상 10초도 못 갔다.

마지막으로는 내가 내가 내가 지갑을 연 유일한 항목이다.
바로 프린터. 글을 쓰다 보면 아무리 교정을 열심히 봐도 바퀴
벌레처럼 오타가 스멀스멀 기어 나온다. 한 편씩 연재할 때는
크게 상관없는데 단행본 작업을 할 때면 한 10고를 봐도 꼭 하
나둘 또 기어 나온다. 이럴 때는 프린트를 해서 보면서 수기로
마무리를 지어야 하는데 프린터가 없어 늘 여기저기 신세를
졌다.

"아빠, 나 이거 메일로 보낸 거 프린트 좀 해줘."

환갑이 넘어 키오스크도 잘 못쓰시는 아빠에게 프린트해달
라는 딸이라니. 죄송스럽다.

강의할 때면 대관장소에서 프린트를 지원해주지 않으면 근
처 PC방이나 킨코스를 전전해야 했다.

"하나 사. 비싸지도 않은데 왜 그래."

낄해야 7~8만 원이면 살 수 있는데 뭐 그리 큰 금액이냐고
생각할 수도 있지만, 문제는 소모품이었다. 아빠가 쓰는 프린
터가 자주 고장이 나기도 하고 토너를 교체하는데 돈이 제법
들어 궁시렁대는 걸 들은 적이 있다. 배보다 배꼽이 더 크다면
서 말이다. 그런데 컬러로 인쇄할 일이 없다면 레이저 흑백 프

린터도 괜찮단다. 잉크 충전도 따로 할 필요가 없어 고장도 거의 안 나고 유지비도 잘 안 든단다. 그래서 3년 만에 질렀다. 더 나은 집필 생활을 위해서.

프리랜서 기자 겸 작가 생활 5년 차가 되니 좋은 점보다 안 좋은 점이 더 잘 보이는 것 같다. 하지만 다른 업종에 비해 '글'을 쓰거나 다루는 업종은 초기 투자비가 많이 들지 않는다. 이건 큰 장점이라고 단언할 수 있다. 대신 돌아오는 '수익'도 그리 크지 않다. 어찌 보면 인생의 당연한 진리이기도 하다. 정말 유명한 작가분들을 제외하고 정말 큰 언론사를 다니는 기자분들을 제외하고는 고만고만한 것 같다. 다들 만나면 미래에 대한 불안을 이야기하고 글밥 먹고 사는 것에 대한 어려움을 토로한다. 그것뿐이 아니다. 트렌디하지 않은 일이다 보니 장밋빛 전망보다는 먹구름이 낀 모습만 그려진다.

그래도 한 번뿐인 인생이라면 나는 '하이 리스크 하이 리턴' 보다는 '로우 리스크 로우 리턴'을 택할 것 같다. 어쨌든 내가 좋아하는 일이 글쓰기와 취재이기도 하고 나의 생활신조와도 잘 맞으니까. 또한, 넘어져도 다시 일어나기에 큰 용기나 힘이 필요하지 않다. 실패 몇 번 한다고 집 한 채 날아가는 일은 잘 없다. 가늘고 길게 살고자 하는 이 소소한 행복을 추구한다면

가정 혹은 일상생활과의 밸런스를 추구한다면 이 일이 딱이
다. (잘) 먹고 (잘) 살 수 있습니다. 저 또한 그러하니까요.

　* 이 글을 쓰고 난 뒤 약간의 변화가 있었습니다. 밖에다 작
업실을 얻지 않을 거라면 집업실 (집+작업실이라는 신조어)에
투자하는 게 맞다고 생각해 테이블을 6인용으로 바꾸고 화분
을 들였지요. 창업비용에 비하면 1/20 수준이기는 하지만 말
입니다. 아무래도 연차에 따라 또 일감의 수에 따라 투자할 수
있는 여유나 금액이 달라지는 것 같긴 합니다.

디지털 노마드와 재택 근무에 최적화된
'글 쓰는' 일을 하기에 다행인
일상과 그 사이의 시간들.

❖
고진이
❖

현대미술가
2019 고진이 개인전 [도기다시], 플레이스 막 인천 외 개인전 10여 회 단체전 다수
SNS 인스타그램 @studio_ejingo

❖ 나는 태어날 때부터 그림과는 거리가 전혀 먼 아니 거리를
일부러 두고 살아왔다. 발로 할 줄 아는 건 정말 많고 잘 하는
데 손으로 하는 건 뭐든 젬병이었다. 내가 지금까지 써왔던 글
여기저기에서 여러 차례 언급 한 터라 짧게만 짚고 넘어가자
면 다 된 밥에 손으로 재 뿌리는 수준이랄까? 그중 화룡점정
은 다 된 환경미화 보드판에 마커 뚜껑을 잘못 열어 금색 범벅
을 만들었던 일이었다. 그 후로 친구들은 고양이 손이라도 빌
려야 할 아주 급하고 바쁜 순간에도 나의 도움은 한사코 거절
했다. "괜찮아, 우리끼리 할게. 쉬어." 긴말하지 않아도 알 수
있었다. 그건 명백한 하얀 거짓말이었고 눈치가 없지 않은 나
는 그 말을 액면 그대로 믿는 척하며 자리에 도로 앉곤 했다.

아무튼, 그래서 종이접기를 한다든지 색칠을 한다든지 그림을 그린다든지 등의 일들은 내 인생에서 가장 요원한 일이 되었다. 그리고 어른이 되자 그런 일들은 굳이 할 필요가 없게 되었고 나는 그 때문에 얼마간 안도하기도 했다.

하지만 서른이 되고 반려견을 키우게 되면서 놀라운 일이 벌어졌다. 갈매기 모양의 입술, 검은 콩 세 개를 박아놓은 듯한 눈과 코, 슈퍼맨을 연상케 하는 자세를 가만히 보고 있자니 나도 모르게 그 모습을 그려보고 싶다는 생각이 든 거다. '왜 이래?' 황당하기 그지없었다. 그런 기회를 요리조리 미꾸라지처럼 피해 다니기 바빴던 난데. 이제 와 갑자기 왜? 결국, 나는 마음의 소리를 잠재우지 못하고 굴러다니던 다이어리에 모나미 볼펜으로 강아지 동구의 이런저런 모습을 그려나가기 시작했다. 어설펐다. 이상했다. 그런데 그리면 그릴수록 멈출 수가 없었다. 더 잘 그리고 싶은 건 아니었지만 일부러 계기를 만들어서라도 계속하고 싶었다. 성인미술학원을 찾아 헤매게 된 건 당연한 일이었다. 다닐 만한 곳은 전부 집에서 멀었고 수업 방식도 정해져 있어서 내 성에 차질 않았다. 매일 초록창에 '성인미술' '드로잉수업' '오일파스텔 클래스' '취미미술' 등으로 검색을 하는 게 습관이 되었을 무렵, 한 작업실 소개가 눈에 들어왔다. 그림을 그리고자 하는 모든 이는 창작자이며 그 마음을 존중한다고 했다. 정해진 커리큘럼은 없고 개인이 하고 싶은 작업에 따라 도움을 준다고 했다. '이거다!' 확신을 품고 찾은 그곳에서 그렇게 고진이 현대미술가이자 나의 미술 선생님을 만나게 되었다. *

❖ 작업실

아무리 나이를 많게 본다고 해도 그녀는 나보다는 젊은 게 분명했다. 하지만 한 번도 말을 놓은 적이 없다. 당연하다. 그녀는 나의 선생님이니까. 한번은 그녀를 선배님이라고 부르기까지 했다. 그 또한 당연했다. 프리랜서 5년 차인 나와는 다르게 그녀는 졸업 후 한 길만 쭉 걸어온 10년 차 예술가이자 프리랜서이니까. (2020년 기준) 그림을 그릴 때만 얼굴을 맞대고 이야기를 나누는 사이지만 중간중간 나도 모르게 고민이 되는 일이 있으면 자꾸만 의견을 물었다. 그러면서 알게 되었다. 생각보다 그녀는 단단한 사람이라는 걸.

"이 일을 하면서 힘든 적도 많았죠. 특히 대학을 졸업하기

전까지는 내 힘으로 벌어 삶을 유지한다는 것에 대한 부담감
이나 어려움에 대해서 크게 생각해보질 못했어요. 부모님의
도움을 어느 정도 받으며 학업을 해온 터라 앞으로 닥쳐올 일
에 대해서는 낙관적이었던 것 같아요. 그러다가 쭉 미술을 해
야겠다고 맘을 먹고 발을 내디딘 순간 깨달았죠. (웃음) 쉽지
않은 일이라는 걸요."

내가 그녀에게 주로 했던 고민상담의 팔 할은 작업실에 대
한 것이었다. 오래된 건물이고 난방이 잘 안 된다고 늘 말하지
만, 역세권에 아늑한 공간이 부럽기만 했다. 작업에만 몰두할
수 있고 사람들을 떳떳하게 초대할 수 있는 공간에 대한 갈증
이 컸기 때문이었다. 하지만 아무리 계산기를 두드려도 월세
를 감당할 자신이 없었다. 나는 그 문제 앞에서 항상 겁쟁이였
다. 바짝 엎드려 있는 형국이었던 거다.

"지금 이 공간을 얻기 전에는 공동작업실을 사용했어요. 마
음 맞는 분이랑 세를 나눠서 5년 정도 쓰다가 독립을 하게 된
건데요. 지금 이곳에 자리를 잡기까지 우여곡절이 많았어요.
(웃음) 처음부터 인천만을 염두에 둔 게 아니라서 서울 문래
동까지도 작업실을 보러 가고 그랬거든요. 하지만 저는 유화
작업을 주로 하는 편이라 냄새도 나고 또 작품 사이즈가 커서

장소가 꼭 필요했어요. 선택의 문제가 아니었기 때문에 결정해야 했죠. 그러다가 지금의 '작업실 이진고' 공간을 발견했어요. 처음에는 월세 30만 원으로 계약하기로 했는데 아무래도 역이 가깝고 7호선이 통과하니까 주변 시세가 뛰는 바람에 3만 원을 더 주게 되었어요. 그래도 이곳에 자리를 잡고 좋은 일이 많았어요. 부평에서 작업하는 다른 창작자분들을 알게 되었거든요. 덕분에 작업실에 나올 때도 작업을 할 때도 혼자라는 생각이 잘 안 들더라고요. 진짜 여길 오길 잘했다는 생각뿐이었어요. 하지만 아직 욕심은 있어요. 아무래도 지금 공간이 좀 아담하다 보니까 더 넓혀가야겠다 하는 생각을 하고 있고 계약 기간이 끝나면 새롭게 알아봐야 할지도 모르겠어요. 아무튼, 창작자에게 작업공간이 있다는 건 확실히 큰 장점이에요. 그런데 그게 꼭 지금처럼 상가의 형태일 필요는 없다고 생각하고요. 환기가 잘 되고 층고나 면적이 확보된다면 큰 평수의 아파트여도 단독주택이어도 상관없지 않을까 싶어요."

❖ 먹고사니즘

나는 그녀를 잘 이해한다고 말할 수 있다. 어떻게 그리 당당하냐고 생각할 수도 있는데 물론 먹고사는 문제에 관해서 만이다. 전업을 하고 프리랜서가 된 뒤에는 내게 알아서 판을 깔아주는 사람이 없었다. 그래서 직접 강의를 열고 홍보를 하고 수납을 했더랬다. 그게 싫지도 이상하지도 않았다. 당연한 거라고 생각했다. 그 과정에서 약간의 얼굴 붉힘도 있었다. 하지만 생각보다 글을 쓰려고 하는 분들은 대체로 매너가 좋았다. 그런 일이 쉽게 잊히고 기억도 잘 안 날 만큼 좋았던 추억이 훨씬 많았다. 고진이 현대미술가도 나처럼 직접 클래스를 운영한다. 홍보도 신청도 수납도 직접 한다. 한 번에 최대 3~4명의 인원만 받는 까닭에 그 어떤 시스템도 이용하지 않고 일일이 신청글에 답장을 하고 확인도 해준다. 손이 많이 가는 일이라는 생각을 했다. 그런데 그녀는 한 번도 힘들다거나 귀찮다거나 불편하다는 내색을 비춘 적이 없다. 그래서 더 어른스럽다고 생각했다.

"예술가지만 이렇게 강의를 하고 직접 모객을 하는 것에 대해 거부감은 없어요. 오히려 1주일에 한 번이기는 하지만 저의 작업실을 찾아주시는 것에 대한 감사함이 커요. 그리고 누가 이 일을 이 과정을 꼭 대신해줘야 한다는 생각이 없는데 그정도로 규모가 크지 않은 것도 있지만 늘 해오던 일이거든요.

예술가는 그런 일과는 거리를 둬야 한다고 생각하지 않는 편이에요."

내가 글을 쓰는 일을 업으로 삼았을 때 어른들의 걱정과 만류가 가장 컸던 이유는 예술가는 밥 벌어먹지 못한다는 인식에서였다. 그 말이 틀리지는 않다. 하지만 직장생활을 했던 터라 그 마인드를 예술에 접목하면 벌지 못할 것도 없다고 생각했다. 나는 이 일을 하게 된 것만으로도 운이 좋다고 생각한 쪽에 가까웠고 그러면서도 회사 다닐 때처럼 내 앞가림은 할 수 있을 정도로 벌어야 면이 선다고 생각했다. 그래서 일이 주어져도 철두철미하게 페이를 물어보고 평판을 따졌다. 제대로 된 보상이 없는 일은 하고 싶지 않았다. 그럼 먹고 살 수가 없으니까. 그런 내가 가끔은 너무 장삿속 같다는 생각을 하기는 했다. 그런 마음이 두드러질 때면 조금은 불편했다.

"저는 그렇게 생각하지 않아요. 당연한 거죠. 예술을 하지만 동시에 프리랜서이기도 하니까요. 더는 부모님에게 손을 벌릴 나이도 아니고 졸업을 함과 동시에 사회인이니까 자기 앞가림을 해야 하는 건 당연하다고 생각해요. 저도 학교 다닐 때까지는 세상 물정에 밝은 편은 아니었지만 이렇게 혼자서 작품활동을 하고 일을 하면서는 많이 변했어요. 물론 꼭 수입이 내가 하는 일의 가치를 대변하는 건 아니지만 매년 정산을 하면서 얼만큼 성장했는지를 느낄 때가 많거든요."

❖ 미술

좀 신기한 일이기는 한데 그녀에게 미술수업을 듣기 시작할 때쯤 지인들과 미술전시회를 찾게 되었다. 정확히는 그림을 전시한다기보다는 그 작가의 작품을 홀로그램이나 조형물과 같이 전시하는 형태에 가까웠는데 만져보고 냄새를 맡을 수 있다는 게 놀라웠다. '건드리지 마시오'나 '사진을 찍지 마시오'와 같은 무시무시한 말은 없었다. 그 광경에 놀란 나와는 달리 자주 갤러리나 전시회를 찾는다는 지인들은 아무렇지 않아 보였다. 그때 알았다. 내가 고리타분한 관념에 사로잡혀서 그림을 미술을 오해하고 있었다는 걸.

"아직까지는 좀 아쉬워요. 아무래도 유명작가분들의 전시회는 많이 찾으시는데 동시대에 활동하고 있는 작가들의 전시회는 상대적으로 잘 모르시는 것도 같고 발길이 뜸한 것 같다는 인상을 받을 때가 있어요. 그래서 블로그를 하면 전시회 후기 포스팅을 자주 하는 편인데 다른 일상적인 주제의 글보다는 호응이 덜하더라고요. 그만큼 덜 대중적인 것 같다는 생각이 들고 생소하게 받아들이신다는 생각도 들어요. 대신에 그런 상황에 비관적이기보다는 다양한 활동으로 더 많이 알리려고 해요. 좀 부러운 건 다른 장르의 경우에는 악플 때문에 힘들다고 하시는데 저는 아직까지 그런 걸 받아본 적은 없어요. 그런 면에서는 쓴소리라도 좋으니 대중적 담론도 많이 활발해졌으면 하는 바람이 있어요. 그리고 그와 동시에 직접 그림을 그리는 부분에 있어서도 좀 어려워하신다는 걸 체감할 때가 많아요. 수업을 해보면 아이들은 놀이라고 생각하면서 자유롭게 그리는데 성인들은 얼어계시거나 잘 못 그릴까 봐 걱정하시더라고요. 사실 그럴 필요가 없거든요. 저는 입시미술을 오랫동안 경험했고 그 과정에서는 진지함이나 숙련도가 중요하지만, 취미미술은 그럴 필요가 없다고 생각해요. 그 순간만큼은 내가 창작자로서 풀어내고 싶은 걸 자유롭게 풀어내는 게 중요하거든요. 잘하고 못하고도 없고요."

❖ **동료**

어쩌면 그녀는 좀 지겨웠을지도 모른다. 수업할 때마다 작업실 다음으로 내가 가장 많이 꺼낸 화제가 바로 동료였으니까. 글을 체계적으로 배운 적이 없다. 주변에 글을 쓰는 사람도 없다. 내가 글을 쓰길 바라는 사람도 없었다. 그러니 항상 외로웠다. 이해받지 못한다는 느낌이 컸다. 무인도에 뚝 떨어진 것처럼 고독했다. 그래서 종종 그런 생각을 할 때가 있었다. 주위에 글 쓰는 사람이 있었으면 좀 나았을까 하는 그런 생각을 말이다.

"음…. 그렇게 생각하실 수도 있는데 저도 졸업 후에 막상 현대미술작가를 직업으로 삼은 친구들은 많지 않아요. 미술을 하시는 분들끼리도 전시 때 각자 설치하기 바빠서 오프닝 파티 때나 만나서 인사 건네는 정도지 활발하게 교류를 하는 건 아니거든요. 물론 예중-예고-예대를 나와서 정식교육을 받을 기회가 많았던 건 맞아요. 또 그 때문에 좋은 스승님을 만날 수 있어서 행운이었다는 생각은 들고요. 하지만 예술이라는 게 사람마다 시작과 끝이 달라서 영원한 동료는 없다고 생각해요. 오히려 저는 다른 장르여도 대화가 잘 통하면 그걸로 충분하다고 봐요. 꼭 자신의 분야에서만 동료를 찾으려고 할 필요는 없지 않을까요?"

우문현답이라는 생각도 들었다. 그와 동시에 이렇게 이야기를 나누는 나도 그녀에게 동료라고 느껴지는지도 궁금했다. 철딱서니 없고 정신 산만한 나도 누군가에게 새로운 바람을 불어넣어줄 수 있는지 함께 걷는 것과 같은 든든함을 줄 수 있는지 말이다. 답이 두려워 정작 물어보지는 못했지만.

** 이건 이례적인 일이었다. 오래도록 활자로 남을 책에 알고 지낸 지 1년 남짓밖에 되지 않는 이의 인터뷰를 싣는다는 게 말이다. 나는 그만큼 의심도 많고 불안이 많은 사람이다. 다들 낯도 안 가리고 적극적이라고 생각하지만, 오랫동안 지켜봐서 확신이 드는 이에게만 그럴 뿐이다. 내가 고진이 작가를 고진이 선생님을 잘 안다고는 생각하지 않는다. 그녀가 어떤 사람인지도 정확하게 말하기는 어렵다. 사적인 자리에서 본 건 세 차례 정도니까. 하지만 끌리는 마음은 어쩔 수 없다. 내가 생각했던 것과 많이 다른 사람이라도 괜찮다. 충분히 선배 프리랜서로서 선배 예술가로서 자기 몫을 잘 해내는 멋진 사람이니까. 그거면 되었다. 나는 그녀를 생각할 때마다 이상하게 떨린다. 묘하게 부럽다. 어쩌면 이 기회를 만들어서 더 잘 알고 싶고 아니 한 번이라도 더 만나고 싶었는지도 모른다. 체하

지 않게 오랫동안 천천히 알아가고 싶다. 선생님으로서 또 선배님으로서도. **

2

프리랜서의
월요병

언젠간 혼자 일하게 된다

기생하는
프리인간

♥

나는 지금 스타벅스에서 이 글을 쓰고 있다. 오늘의 메뉴는 아이스 라테 그란데 사이즈와 단호박 에그 샌드위치. 내 돈으로 먹었냐고? 물론 아니다. 집에 작업실을 차려놓은 뒤로는 카페에서 작업하는 일이 많이 줄었다. 거기에 에스프레소 머신까지 들여놓으니 더 갈 일이 없다. 어느 정도냐면 하루에 두 번 들르던 단골 카페를 3개월 동안 단 한 번도 안 갈 지경까지 이르렀으니까. 아마, 사장님은 내가 새로 생긴 곳으로 발길을 돌렸을 거라고 생각하며 서운해하셨을지도 모른다. 이참에 이 자리를 빌려서 그건 절대 아니라고, 단지 집 밖을 나가지 않게 되었을 뿐이라고, 원망은 드롱기 전자동 머신에게 하셔야 한다고, 말씀드리고 싶다.

이야기가 옆으로 샜는데 내가 오랜만에 스타벅스에 온 건 상품권이 생겼기 때문이다. 물론 내 건 아니다. 신랑은 한 달에 한 번 신세계 상품권 만 원짜리를 가져다준다. 처음에 어디서 났냐고 물어봤다가 답을 듣고 나서 한참을 웃었다. 신랑네 회사에서는 아침마다 둥그런 원통에 막대를 던져 넣는 우리나라 전통게임인 투호를 한다. 이걸 세 조로 나누어 하는데, 한 달 동안 가장 많이 점수를 올린 팀에게 상품권을 준다고 했다.

"매일 아침 투호를 하는 회사가 있다고? 나 처음 듣는데?"

"나도 여기서 처음 해봐."

그 혜택을 내가 보고 있다. 가끔 콧바람을 쐬러 카페에 가고 싶어 하는 걸 아는 터라 가서 글을 쓰라고 준다. 그래서 오래간만에 온 거다. 마침 마감이 코 앞이라 끼니도 해결하고 글도 쓸 겸 집을 나섰다. 공돈이 생긴 것 같아 기분 좋은 것도 잠시 마음이 불편해진다. 신랑 회사에서 나온 상품권을 내가 얻어 쓰는 현실. 그것도 매달. 어쩐지 기생하는 것 같은 모습이라 찜찜하다. 그것도 한순간, 이내 신나게 커피를 마시고 샌드위치를 먹고 글을 쓴다.

프리랜서가 되고 나서는 내가 어쩌면 기생인간일지도 모른다는 생각이 들 때가 있다. 그럴 때면 좀 서글퍼지는데 깊이 생각하면 우울해질까 봐 딱 그 정도 선에서 멈추려고 한다. 그래도 그 점을 여실히 깨닫게 되는 때가 1년에 몇 번 있는데 그 중 하나는 앞에 밝혔듯 남편이 뼈 빠지게 투호를 해서(?) 받은 상품권으로 글을 쓴답시고 스타벅스에 갈 때가 그렇고 나머지는 하나씩 지금부터 밝혀보겠다.

예전에 회사생활을 할 때면 명절이 돌아오는 게 그리 두렵지 않았다. 오히려 든든했다. 한번은 왜인지는 모르겠으나 선물세트를 두 개나 나눠줬다.

"왜 두 개나 줘요?"

괜히 물어봤다가 실수라며 하나를 도로 가져갈까 봐 고민 끝에 매우 조심스럽게 부장님께 물어봤더니 회사 상조에서 나온 거란다. 그랬다. 코딱지만 한 월급에서(프리랜서의 비정기적 월급에 비하면 엄청난) 매달 2~3만 원가량을 상조회비로 떼갔는데 명절을 맞이하여 가입원들에게 선물세트를 하나 더 나눠준 거다. 기뻤다. 무엇보다 두 개를 들고 가 식탁 위에 턱 하고 올려놓으면 "우리 딸이 이제 철들었어"라고 부모님이 나를 인정해줄 것만 같았다.

그런데 프리랜서가 되고 나니 명절이 다가오는 게 달갑지가 않았다. 이제는 그 흔한 스팸 1호 선물세트도 나올 곳이 없는 거였다. 대신에 신랑이 회사에서 받아와서 하나를 친정에 가지고 갔다. 그러면서도 영 찜찜한 마음이었다.

'또 신세를 지네….'

이제는 내가 직장인이 아닌 프리랜서라는 걸 여실히 느낄 수 있었다. 쓴맛과 단맛이 같이 목구멍을 타고 올라오는 기분이었다.

다음으로는 건강검진을 받을 때다. 서른이 넘어가면 주기적으로 한 번씩 전체적으로 진찰을 해줘야 한단다. 건강한 사람도 그런데 나처럼 골골대는 사람은 선택이 아니라 필수다. 특히 위궤양과 위염 사이를 자주 오가는 터라 위내시경이라도 받는 게 좋을 듯싶었다. 하지만 선뜻 병원행을 선택하기란 쉽지 않았다. 좋지 않은 결과를 받아드는 게 무서워서이기도 하지만 내 주머니에서 돈을 꺼내 값을 치러야 할 판이라서. 뭐 좋은 일이라면 그럴 수도 있겠지만 그렇지 않으니 문제다.

반면에 신랑은 꼬박꼬박 건강검진을 받는다. 그 모습이 고통스러워 보이긴 해도 (금식이 쉽지 않습니다) 크게 부담스러워하는 것 같진 않았다. 그렇다. 자기 주머니에서 돈이 나가지 않기 때문이다. 회사에서 건강검진 비용을 지원해준다. 심지어 잊지 말고 꼭 받으라고 장려해주기까지 한다. 그 전 회사에서는 퇴사 직전인데도 무료로 건강검진을 받게 해줬다.

한번은 누군가가 프리랜서를 위한 건강검진 패키지를 공동 구매하자며 커뮤니티에 글을 올린 적이 있다. 어느 정도까지의 검진이 포함되어 있느냐에 따라 가격이 천차만별이었다. 요즘에는 좀 더 구석구석 확인할수록 좋단다. 누구는 대장암 검진 플랜은 꼭 넣으란다. 누구는 가장 큰 재산인 몸에 투자하는 건데 제일 비싼 걸 하란다. 적어도 20만 원에서 50만 원은 드는 비교적 큰돈.

망설이고 있으니 결국 신랑이 다시 한번 손을 내민다. 연말정산 환급금으로 들어온 걸로 건강검진을 받으란다. 어차피 13번째 월급이라 공돈과도 같은 느낌이라 괜찮단다. 그 제안이 너무 고마우면서도 못내 나는 이렇게 직장인인 신랑에게 빌붙어 사는 인간인가 싶어 살짝 자괴감이 들고 만다.

마지막으로는 혼밥을 할 때다. 이건 글 한 편을 다 할애해도 모자랄 짠내 나는 이야기지만 간단히만 풀어보겠다. 직장인이던 시절 신기하게도 꼭 식비를 지원해주거나 식사를 제공하는 곳에서만 일했다. 일부러 그런 건 아닌데 어찌 되었든 끼니를 걱정할 필요가 없다는 게 그렇게 좋았다. 급식으로 제공을 해주는 곳도 있었고 밥을 먹고 실비를 청구하게 하는 곳도 있었다. 그게 아닐 때는 오묘하게 근무시간이 식사시간을 피해 걸쳐져 있어 집에서 공짜로 해결하기도 했다. 그런데 독립을 하고 나니 이게 오로지 내가 감당해야 할 새로운 부담으로 작용하는 거다.

물론 혼자서 끼니를 때워야 한다는 것도 적응이 덜 되었는데 내 주머니에서 밥값을 꺼내 지불할 때면 이걸 또 한 달 치로 계산해볼 때면 꽤 큰돈이라는 게 실감이 났다. 자주 끼니를 거르거나 대충 때우는 날이 많아지자 이번에는 새로운 숙주가 나타났다. 부모님이었다. 이미 결혼을 해서 가정을 꾸렸건만 걱정이 되는지 자꾸만 반찬을 싸주신다. 그러면 또 그걸 날름 받아서 밥만 해서 얍삽하게 한 끼를 해결하는 것이고. 철마다 빈 통을 모아서 가져다드리는 데 그럴 때마다 다시 한번 나는 누구인가, 무엇을 하고 있나, 왜 이렇게 기생을 하고 있나, 하는 생각이 든다. 슬픈 일이 아닐 수가 없다.

다행인 건 이런 기분이 드는 순간이 365일 중 극히 일부라는 거다. 회사에 다닐 때는 공짜밥을 줘도 선물세트를 줘도 건강검진 베네핏을 줘도 기쁘지 않았다. 그걸 받기 위해서는 내 노동력을 갈아 제공해야 하고 또 내 쥐꼬리만 한 월급 자체에 이미 그런 것들이 포함되어 있다는 걸 알았기 때문이다. 지금은 각종 영양제를 먹으며 탈진 직전의 상태로 퇴근할 일이 없다. 상사 때문에 스트레스를 받아 위궤양에 걸릴 일도 없다. 연휴에 일해도 기쁘다. 그러니 이 정도쯤은 감내할 만하다.

그래도 가끔은 좀 더 자리를 잡아서 명절 때면 한우세트를 척척 사서 부모님께 선물하고 창작의 영감이 샘솟는 곳에 내 마음대로 가고 매끼 제대로 된 한 상을 사 먹을 수 있었으면 한다. 돈 때문이 아니라 그래야만 비로소 기생인간이라는 느낌을 덜 수 있을 것 같아서 말이다. 그렇게 될 때가 올까? 얼마나 더 기생하는 프리인간으로 살아야 가능한 걸까? 언젠간 누군가의 숙주로 거듭나기를 간절히 기대해본다.

프리랜서에게
안식년이라니?!

♥

이 무슨 호사인가. 전업한 지 독립한 지 5년 차인 프리랜서에게 안식년이라니. 자고로 회사원이라면 적어도 10년은 근속해야 그게 아니라면 연구원이나 교수 정도는 되어야 가질 수 있는 기회가 아니던가? 그렇다. 올해는 나의 안식년이다. '아무도 공식적으로 인정해준 적도 없고 어디 돈 나올 구멍도 따로 없는' 안식년.

일을 시작한 지 햇수로는 5년 차이지만 정확히는 4년도 채 되지 않았다. 아직은 쉴 때가 아니다. 이제야 막 내 이름을 알리기 시작한 데다가 고정거래처도 생겼다가 없어지기도 하는 판인데 말이지. 그런데 어쩌다 보니 그렇게 되어버렸다.

2016년은 프리랜서 기자 겸 작가로 제대로 전업을 한 첫해였다. 의욕이 굉장히 앞섰다. 작은 것도 크게 생각하던 햇병아리 시절이었다. 일단 사람들을 만나 일을 수주해오든지 아니면 일을 벌이든지 해야 한다고 생각해 명함을 열심히 돌리고 비즈니스와 관련된 자리에 참석 도장을 자주 찍었다. 당시만 해도 프리랜서나 예술가이기보다는 1인 기업가라는 마인드가 조금 더 컸던 것 같다. 아무래도 외주로 콘텐츠를 제작하는 일에 집중할 때였으니 당연한 생각이기도 했고. 퇴직하기 전 확보해서 나온 거래처 두 군데가 있어 불안하다는 생각을 하기보다는 플랜을 짜서 앞으로 어떤 일의 영역을 넓혀갈 건지 고민하고 큰 그림을 그리며 희망에 부풀어 있었다.

하지만 2017년이 되면서 조금 달라졌다. 첫 단행본을 계약하고 들뜨고 설렌 것도 잠시 사정상 다시 직장으로 돌아가 파트타임으로 근무를 하게 되었다. 당연히 글쓰기나 취재에는 시간을 많이 할애하지 못했다. 책이 막 출간되었을 때 역시 근무를 하느라 활발하게 홍보를 할 수가 없었다. 상반기는 그렇게 마른 통장에 빗줄기를 적셔주는 것으로 끝이나 버렸다. 그 후에는 알음알음 하던 일만 계속했다.

문제는 2018년이었다. 4년 차가 되어 어느 정도 자리를 잡았다. 이를 증명이라도 하듯 처음으로 공공기관에서 거꾸로 강의 의뢰가 왔다.

"블로그를 보고 연락드렸는데요. 혹시 복지관에서 글쓰기 강의가 가능하실까요?"

"독립서점에서 수업 진행하시는 걸 보고 연락드렸습니다. 도서관에서 10주 동안 책을 만드는 수업을 진행하려고 하는데 자세한 내용은 메일로 보내드릴 테니 확인 부탁드립니다."

신기했다. 그간 성인 대상 강의는 내가 직접 모객을 해왔고 중고등학교만 의뢰를 받아 출강을 나갔다. 그런데 SNS를 보고 여기저기에서 연락이 왔고 네 건 모두 성사가 되었다. 덕분에 안정적으로 수입을 가져갈 수 있었다. 하지만 어느 순간 글을 쓰기보다는 글에 대해 이야기하는 비중이 커졌고 나 스스로도 글쓰기를 게을리하고 있다는 게 느껴졌다. 참으로 불편한 사실이었다. 또한, 그간 프리랜서로서 기자일을 많이 늘려보려고 했으나 잘 되질 않았다. 그 와중에 계약한 두 번째 책의 최종 원고를 다듬으며 상념에 빠져들기 시작했다.

'뭔가 잘못된 것 같아. 이건 아닌데.'

수강생들에게는 글을 꾸준히 쓰라고 독려하면서 나 자신은 정작 그 이야기를 하느라 꾸준히 쓰지 못하는 아이러니한 상황이라니. 또한, 그럴듯한 결과와는 반대로 내 안은 비어 가는 것 같았다. 뭔가 돌파구가 필요했다.

그리고 대망의 2019년이 밝았다. 그렇다고 크게 달라진 건 없지만 계속 그 고민이 멈추질 않았다. 그러던 와중에 말 없고 속내를 잘 표현하지 않는 신랑이 아픈 곳을 콕 찔렀다.

신랑: "요즘 왜 글 안 써?"

나: "안 쓰지는 않는데. 쓰는데."

신랑: "아니, 많이 안 쓰는 것 같다고."

나: "뭐 그렇게 글이 맨날 막 쏟아져 나오나?"

신랑: "하루에 한 편은 무조건 써야 하는 거 아니야?"

나: "왜? 그게 가능해? 아니야. (횡설수설) 예술이란 말이지. 그렇게 막 기계처럼 한다고 되는 게 아니라#$%^&*(*&^%$#$%^y&u*i(oi*u&y^t%r$e#."

신랑: "소설은 왜 안 써?"

나: "그건……. 내 소설은 인기가 없으니까."

신랑: "난 재밌었는데. 완결 안 할 거야?"

나: "그 시간에 돈 벌어야지."

신랑: "나는 글 열심히 쓴다고 약속해서 결혼한 건데."

나: "……."

그랬다. 결혼 전 직장을 다니며 틈틈이 글을 쓰던 나는 그에게도 그걸 보여줬더랬다. 그런데 그때마다 모두 읽어보고 꼼꼼하게 피드백을 들려줬다. 전문적인 이야기가 아니라 진짜 열심히 재밌게 읽은 독자의 관점에서 말이다. 그리고 결혼하면 열심히 글을 쓰고 책을 써서 인세부자가 되어 빌딩을 사달라고 장난삼아 말하곤 했었다. 그는 그걸 잊지 않고 있었다. 초심을 잃은 건 나였다. 글은 당장 돈이 되지 않는다. 쓰는 데 품도 많이 든다. 그에 비해 그간 해왔던 활동을 가지고 말을 하고 다니는 건 소소하지만 돈이 되어주었다. 나는 모내기를 하고 추수를 하는 대신에 땅에 떨어진 쌀알을 줍고 다니고 있었던 거였다. 부끄러웠다. 내가 한 말에 책임을 지지 못하는 사람이 된 것 같아서.

"돈 때문에 그래? 신경 쓰지 마. 올 한 해 쓰고 싶은 글 실컷 써봐. 돈돈하지 말고."

'그래? 그럼 2019년에는 돈은 안 되더라도 하고 싶은 거 다 해보지 뭐. 안식년이라고 치고.'

그리하여 5년 차 프리랜서 주제에 안식년을 갖게 된 거다. 하지만 배우자가 저렇게 말을 했다고 돈벌이를 쉴 수는 없는 일. 내 밥벌이는 내가 해야 하는 성인인데 그에게 기대고만 있을 수는 없었다. 대신에 최소한의 최소한으로만 돈이 벌리는 일을 하고 순수하게 내 안을 채우는 데 집중하고 시간을 쓰기로 했다.

무엇보다 글을 쓰는 시간을 늘렸다. 지금도 내가 그런 말을 했다고 생각하면 창피해서 죽을 것 같지만 전업을 한 첫해에 나는 많은 사람 앞에서 "하루에 한 편을 쓰지 않으면 먹지 않을 겁니다"라고 호기롭게 선언했다. 이건 어떤 스님께서 하신 말을 내 상황에 맞게 고친 건데 너무 비장해서 오글거릴 정도였다. (그리고 당연히 그 약속을 까맣게 잊고 지키지 못했습니다) 그래서 주 6일 글쓰기에 도전했다. 딱 하루만 쉬고 무조건 쓰기. 어떤 글이든 상관없이 에세이건 소설이건 기사건 써 내러 가기로 했다. 마음에 들지 않으면 버릴지언정 쉬지 않기로 했다. 아예 게을러질까 봐 '월간동구'라는 이름으로 재미 삼아 취미 삼아 매달 단편소설을 하나씩 써내는 프로젝트도 진행하기로 했다. 누군가 채찍질을 해줘야 할 것 같아 여기저기 소문을 냈더니 슬그머니 그만둘까 하는 생각이 들 때쯤이면 기대하고 있다고 열심히 하라는 말을 해주는 사람들이 나타났다. 좀 벅차기는 하지만 엽편이라도 완성해 무조건 내가 뱉은 말을 책임지고 싶다. 물론 즐겁기도 하고.

그다음으로는 다른 작가들의 북토크나 강의를 듣기 시작했다. 앞에 나서서 말을 하기만 했지 그간 남의 말을 듣지는 않았다. 또한, 한편으로 나 역시도 작가인데 다른 작가의 수업을 듣는다는 게 계면쩍어 신청할 생각조차 하지 않았던 게 사실이다. 하지만 역지사지의 입장이 되어 배울 점이 있으면 참고하고 나 역시도 커리큘럼이나 강의 형태를 개선하고 업데이트를 할 필요가 있겠다는 생각이 들었다. 상관이 없는 분야라도 배움을 게을리하지 않기로 했다. 그래서 시간이 될 때마다 미술수업에도 나갔다.

　마지막으로는 책을 엄청나게 많이 읽었다. 글쓰기 강의를 할 때마다 수강생들에게 도움이 될 만한 작품을 추천해주고는 했는데 어느 순간 계속 똑같은 책만 언급하는 것 같다는 생각이 들었다. 하루에도 책이 백여 권이 넘게 쏟아진다는 데 그걸 다 볼 수는 없더라도 최대한 많이 읽고 좋은 작품을 소개하기로 했다. 그때부터 주말에는 도서관으로 가 책을 무더기로 빌리고 또 서평단을 신청하며 보석같은 작품들을 발견하고 알리는 재미에 빠졌다. 이 역시도 책 리뷰 형식을 빌린 뒤 내 잡다한 이야기를 섞어 #동구책방이라는 해시태그를 달아 SNS에 올렸다.

그랬더니 엄청난 변화가 생겼다… 라고 말하고 싶지만 아직까지 가시적인 변화는 없다. 내 책이 베스트셀러가 되었다거나 강의가 마감사례를 일으켰다거나 공모전에서 입상했다는 식의 드라마틱한 일들은 벌어지지 않았지만 나 스스로는 느낀다. 뭔가가 달라졌음을. 그 전 같으면 강의를 하고 오거나 취재가 있으면 피곤하다고 미뤄놓았을 글쓰기를 빼먹지 않고 있다. 심지어 추석 내내 글을 썼다. 자면서도 글 생각 깨어서도 글 생각을 한다. 또한, 글쓰기를 통해 좋은 사람들을 많이 알게 되었고 그들의 활동을 보며 자극을 받고 게을러지지 않을 수 있었다. 나는 나만의 안식년을 꽤 알차게 보냈다고 생각한다.

프리랜서에게도 멈춰 섬이 필요하다. 내 안에 있는 우물물을 퍼서 쓰기만 하는 것 같다면 채울 필요가 있다. 돈줄은 좀 끊기겠지만 통장은 빼빼 마르겠지만 다행인 건 그렇게 공백기를 가진다 하더라도 프리랜서의 직장은 사라지지 않는다. 우리의 직업은 사라지지 않는다.

초심을 잃은 건 나였다.
나는 모내기를 하고 추수를 하는 대신에
땅에 떨어진 쌀알을 주으러 다니고 있었다.
그리하여 5년 차 프리랜서는 안식년을 가졌다.

공격보다는
수비

♥

이사를 했다. 결혼 후 우리 소유의 집을 갖는 건 처음이라 주위의 기대가 컸다. 특히 양가 부모님들이. 그도 그럴 것이 달랑 300만 원을 가지고 결혼한 탓에 뭐든 옹색하고 궁색해 보인다며 걱정과 애정 어린 타박이 컸던지라 이번만은 그래도 제대로 하겠지 싶으셨던 거다.

말도 꺼낸 적이 없는데 국제도시, 혁신지구, 신도시 등을 제일 먼저 후보군에 올리신 듯하다.

"요새 그렇게 안 비싸대. 공실도 제법 있어서 잘만 찾으면 싸게 들어갈 수도 있다는데?"

"서울 가는 급행 전철이 들어서서 20분 거리래. 그럼 왔다 갔다 하기도 좋지."

"젊을 때 빠짝 당겨서 사야 일도 열심히 하지. 몸은 좀 고생

해도 사놓고 나서 오르면 그게 다 재산이지."

"적어도 30평대는 가야지. 애 생기고 그러면 20평대도 좁대."

"정 그러면 방은 세 개는 있는 데가 낫지 않을까?"

등등 너무 조언이 차고 넘쳐흘러 나중에는 집을 우리가 사는지 남이 사는지 모를 지경이었다.

연세가 지긋하신 어르신들이라 그렇다 치더라도 제법 공감대를 형성했다 싶은 또래 지인들까지 그러니 어느 순간 귀가 솔깃한 게 아니라 빈정이 약간 상할 지경이었다.

사실 그런 말들이 틀린 건 아니다. 한 살이라도 젊을 때 대출을 많이 받는 게 이율 면에서도 유리하고 신축 아파트를 매매해야 나중에 시세차익을 볼 확률도 높다. 게다가 신도시나 국제도시 혹은 혁신지구 같은 곳은 인프라도 좋을 게 뻔하니 2세 계획이 있다면 무척 편리할 거다.

하지만, 우리는 이미 정확히는 나는 살 집을 결정해놓은 상태였다.

16평의 방 두 개짜리 90년대생 아파트로. 솔직히 말해 이 집을 선택한 이유는 나만의 프리랜서 철칙에 기반한 것이기도 했다.

프리랜서로 하고 싶은 일만 골라 가늘고 길게 살기 위한 철칙, "무조건 수비다."

일단 내 주머니에서 나가는 고정지출비를 최대한 있는 대로 줄이는 거다. 사회생활을 하며 가계부의 가장 큰 항목을 차지하는 게 바로 주거비다. 월세라면 부담이 제일 크고 자칫 잘못하면 일거리도 뚝 떨어지고 통장잔고도 0원이 되면 제일 먼저 길에 나앉을 수 있다.

전세라면 목돈을 맡기는 거 외에는 들어가는 비용이 없으니 돈을 아낄 수 있지만 내 맘대로 고치기 힘들고 잦은 이사를 하게 될 수도 있다.

그래서 나는 매매를 하되, 신랑과 나 둘 모두가 실직상태가 되어도 부담이 전혀 없을 금액 한도 내에서만 집을 사기로 한 거다.

조금만 더 쓰면 조금만 더 쓰면 집은 크고 좋아지겠지만 그 때문에 하기 싫은 일을 해야 하거나 다시 회사로 돌아가야 할 수도 있다. 그래서 나온 게 이 선택지였다.

그다음으로는 나처럼 외근이나 출강이 잦은 프리랜서에게 필수라는 자동차가 가계 지출의 두 번째로 높은 항목을 차지하겠다.

기자 겸 작가가 되고 나서 실로 회사원일 때는 상상도 못할 지역을 다 다녀봤다. 그것도 매번 다른 곳으로. 마지막 직장이 집에서 버스로 20분 거리였다는 걸 감안해볼 때 이는 큰 변화였다.

포천, 성남, 일산, 안산, 안양, 수원, 시흥, 창원 등 연고도 없고 지인도 안 사는 낯선 동네를 늦지 않고 도착해 스탠바이 해야 했다. 길치에다가 골골대는 체력을 가진 나는 이게 쉽지 않았다. 때로는 네 번이나 환승해 온몸이 흠뻑 젖어 두 시간이 넘는 거리를 가기도 했으며 광역버스를 이용하면 된다기에 중간 기착지인 선바위역에 내렸다가 퇴근길 대란에 두 시간이 넘게 만석인 차량을 보내고 결국 땅거미가 진 뒤 집에 돌아와야 했다. 나중에 안 사실이지만 피크타임에 고속도로 진입 전 마지막 정류장인 선바위역에서 인천 가는 버스를 잡는 건 불가능에 가까운 일이었다. 차라리 포기하고 근처 카페에서 시간을 보내는 게 나았다. 강의는 두 시간 했는데 길에서 버린 시간은 다섯 시간. 그보다 방전된 체력에 나는 눕자마자 잠들어버렸다.

그런데 주변의 나 같은 프리랜서들은 대부분 차가 있었다.

"하루에 두 탕 뛰려면 차가 있는 게 훨씬 낫죠."

하지만 자차를 소유하는 순간 내가 고정적으로 지출해야 하는 금액이 껑충 뛰고 이를 감당하려면 썩 내키지 않아도 무리해서 일감을 맡아야 할 것이 분명했다. 이는 나의 철칙에 어긋난다. 게다가 다른 직종에 비해서 가지고 다녀야 할 장비가 거의 없다. 끽해야 노트북 정도? 그래서 나는 여전히 뚜벅이다.

마지막으로는 생활비 정도가 큰 차지를 할 텐데 나는 이 역시 방도를 세워놓았다. 식비와 간식비를 포함 하루 만 원 쓰기. 만약 오늘 돈을 덜 썼으면 다음 날 합쳐서 더 써도 되고 어찌 되었든 이런 식으로 지출하니 가계부 정리가 따로 필요 없다. 내 마음속에 저장할 뿐. 만 원 × 20일이니 늘 지출액도 같다. (정말 똑같지는 않고 비슷한 수준을 유지한다) 그런데 요새 건강을 좀 더 챙겨야 한다는 생각이 커져 1.3만 원으로 금액을 상향 조정하는 방안도 고려 중이다.

여기에 번외로 하나 더, 긁을 때는 신나지만 갚을 때는 골치 아프다는 신용카드 사용금지가 되시겠다.
직장인이던 시절 공동명의로 가족카드를 만들었다. 처음에는 모두의 지출액을 하나로 모아 연말정산 시 우대를 받아 절약하자는 의미로 사용하기 시작한 건데 나중에는 청구서를 피해 다닐 지경이 되었다. 금액을 확인할 때면 꼭 내가 예상한 지출액의 1.5배가 찍혀 있었다. 원인은 바로 티끌 모아 태산이 된다는 할부에 있었다.

'다음 달 월급 나오니까 뭐.'

항상 고정액이 따박따박 통장으로 들어오니 일시불로 사기에는 좀 부담스러운 것들을 6개월이니 12개월이니 하며 야금야금 할부 결제를 하게 되었고 그렇게 쌓인 금액이 꽤 큰 지출이 되었던 거다.

하지만 이제는 다음 달의 수입을 예측하기 어려운 처지라 신용카드를 아예 사용하지 않기로 했고 필요한 건 무조건 체크카드로 일시불로만 결제하게 되니 잔고가 부족하면 당연히 살 수 없게 되었다. 그리하여 이제 나의 신용카드 결제액&할부금은 0원이다.

이렇게 산다고 하면 너무 빡빡하다 남루하다 찌질하다고 생각할 수 있겠다. 뭐라 판단하든 그건 개인의 자유이니 탓하지 않겠다. 다만, 이건 내가 선택한 삶이다. 좋아서 하는 일이 큰돈을 당분간은 어쩌면 꽤 오래 벌어다 줄 수 없을 것 같으니 중간에 쉬이 포기하지 않도록 막연한 미래에 불안해하지 않도록 만들어 놓은 장치일 뿐이다.

공격보다는 수비를 중시하는 게 어찌 보면 답답하게 보일 수 있다. 한국 축구를 재미없다고 하는 사람들의 마음이 충분히 이해는 간다. 하지만 끝까지 살아남아야 하는 게 목적이라면 한 게임이라도 더 뛰어야 하는 게 목표라면 어쩔 수 없다. 보는 이가 답답해해도 나는 이렇게 뛰어야 한다. 그래도 공격 본능은 누구나 가지고 있기 마련. 나도 프리랜서 인생의 후반전쯤엔 시원한 슛을 날릴 때가 오지 않을까? 그러니 오늘도 수비에 충실하련다.

프리랜서의
월요병

♥

주말이 짧다는 건 참말이다. 사실 주 7일 중 5일을 일하고 2일만 나를 위해서 쓰는 것이니 당연하다. 나는 직장인이던 시절 그게 억울하기 짝이 없었다. 자아실현을 위해 하는 일이라는 건 어떻게 보면 백만장자나 가질 수 있는 우주여행 티켓같은 소리나 다름없다. 매일 같은 시간 출근해서 욕받이로 살아야 먹고살 거리를 마련할 수 있다. 자아실현은 무슨. 암튼 그래서 나는 1주일에 나를 위해 쓸 수 있는 시간이 일하는 시간보다는 길어야 한다고 주장하고는 했다.

"적어도 4일 일하고 3일은 쉬어야 공평한 거 아니야?"

"또 일하기 싫어서 머리 쓴다."

어찌 보면 체제전복적인(?) 나의 사고를 엄마는 이해하지 못했다. 하지만 그건 참말이었다. 3.5일 일하고 3.5일 쉬는 게 가장 공평한 것 같지만 1주일은 7일이고 그걸 딱 반으로 쪼갤 수는 없으니 4일 일하고 3일 노는 거라고 백번 양보한 것인데 말이다. 하긴 주 3일 일하고 4일 놀 수 있는 일자리는 애초에 거의 없고, 있다 하더라도 초년생에게는 돌아오지 않는다. 아무튼 그런 생각을 하며 꾸역꾸역 하루를 버티고 수요일은 동료들과 함께 'Hump Day'를 외치고 금요일에는 'Thank God It's Friday'를 외치며 1주일을 보내고 한 달을 또 그렇게 1년을 버틸 수 있었다.

하지만 당시 주말에 내가 할 수 있는 건 거의 없었다. 골골대는 체력 덕분에 대부분의 시간을 집에서 보내야 했다. 토요일이 되면 느지막이 오후쯤 일어나 리모컨을 돌리다가 저녁에는 밥을 먹고 동네 슈퍼에 잠깐 다녀온다. 일요일에도 밀린 잠을 자고 느지막이 오후쯤 일어나 리모컨을 돌리다가 저녁에는 밥을 먹고 월요일이 다가온다며 울부짖었다. 참 쓸모없고 비생산적인 삶이었다. (좀 더 정확하고 자세히 사연을 밝히고 싶지만 이건 다른 단행본에 아픈 시절 이야기를 따로 담을 예정이라 생략하려 합니다. 게다가 읽는 사람 기분마저 망칠 우울하기 짝이 없는 이야기니 이쯤 해두는 게 좋지 않을까 싶습니다)

불금도 대동소이했다. 퇴근하고 나서 홍대나 강남과 같은 핫플레이스를 찾아 한 주의 독을 풀고 불타는 밤을 보낼 수도 있지만 내 체력이 받쳐주지 못했다. 덕분에 당시 나의 유일한 탈출구는 봉구비어였다. 지금은 법규가 바뀐 데다가 원래도 절대 하면 안 되는 것이기는 하지만 생맥주를 포장해서 텀블러에 담은 뒤 빨대를 꽂아 쪽쪽 빨아 마시면서 집으로 와 드라마 〈미생〉을 보며 폭풍공감을 하다가 얼레벌레 잠자리에 들었다. 참으로 재미없고 따분한 삶이었다.

어쨌든 불금이건 주말이건 내게는 오롯이 쉼을 위한 시간이었어야 했는데 한 주의 독을 간신히 풀고 다음 월요일을 준비하는 시간밖에는 되지 못했다. 그러면서 나는 직장인의 인생이란 골골대는 직장인의 인생이란 참으로 슬픈 것이라는 생각을 했고 반드시 탈출하고 말리라는 다짐을 했지만 어떻게 해야 할지는 몰라 그저 매일 밤 베갯잇을 적실 뿐이었다. 다행히 조금씩 시간을 내어 쓰던 글이 나의 일상에 활력과 재미를 주고 남은 에너지마저 앗아갔다. 그게 3~4년 정도 지속이 되자 깊은 고민에 빠졌다.

'이걸 직업으로 하면 좋을 것 같긴 한데.'

당시 그런 고민을 한 이유는 인터뷰 때문이었다. 퇴근 후 잠깐 불을 켜고 글을 쓰는 작가로서의 삶은 스파이짓을 하듯 아슬아슬하게나마 할 수 있었지만, 기자로서의 삶은 밝은 대낮에 사람을 만나 해야만 했다. 한편으로는 고민하며 한편으로는 계산기를 두드렸지만 답이 나오지 않았다.

'다음 생을 아니 다다음 생을 기약하자.'

그렇게 포기하고 이직을 했을 무렵, 믿을 수 없는 일이 벌어졌다. 한 달 만에 직장이 사라지고 한 달 만에 서울에서 인천으로 귀향을 해야 했던 것이었으며 덕분에 그다음 해 3월까지 쉬어야 하는 상황이 벌어졌다.

'이번 생은 정말 망했구나. 말이 씨가 되는구나.'

그런데 정말 죽으라는 법은 없었는지 기자로 일을 해보지 않겠느냐는 제안이 왔고 조건부 수락을 한 뒤 아예 전업을 했다. 그리고 나는 그렇게 전 직장과 그랬던 것처럼 월요병과는 영원한 이별을 하게 될 줄 알았다. 이제 더이상 회사의 녹을 받는 위치가 아니니까.

그랬다. 월요병은 참 질겼다. 회사를 그만두었는데 프리랜서가 되었는데 마치 연인과 헤어지고 멀리 이사 갔는데 그 연인이 옆집으로 이사를 오는 것과 같이 나를 다시 찾아왔다. 프리랜서 사이클을 돌고 보니 이 세계에도 월요병이 존재하는 것이었다!!! (느낌표를 수백만 개 달고 싶지만 참을게요)

그런데 직장인일 때와는 조금 다른 느낌이다. 이것만은 분명히 밝혀야겠다. 그나마 꿀맛을 가장한 물엿 같던 주말을 보내고 월요일이 다시 찾아올 때면 주먹을 입에 넣고 꺼이꺼이 울고 싶고, 해가 뜨면 지구가 멸망했으면 좋겠고, 결국 집을 나서 자리에 앉아 쌓인 일더미를 마주했을 때와는 달랐다. 반대였다. 프리랜서가 되니 월요일은 너무나도 조용했다. 그야말로 아무 일도 벌어지지 않는 날이었다.

이렇게까지만 이야기하면 그게 왜 월요병이냐고 생각할 수 있겠다. 행복에 겨운 소리라고 할 수도 있겠다.

(조금만 더 들어봐주세요. 아니 읽어봐주세요)

프리랜서에게 연락이란 일감을 말하는 것이고 그건 바로 수입을 뜻한다. 스마트폰에 쉴 새 없이 알람이 울리고 전화가 와서 이리저리 조건을 조율하고 미팅을 해야 계약이 성사되는 거다. 그런 징조가 전혀 없다면? 쫄쫄 굶어야 한다는 뜻이다. 그런데 월요일만 되면 이상하게 정말 아무런 연락이 오질 않았다. 스팸이라도 올 법한 이메일함도 잠잠하고 김 팀장의 대출 낚시 문자라도 올 법한 메시지함도 잠잠하다. 심지어 답답한 마음에 집 밖을 나서도 온통 "월요일에는 쉽니다"라는 표시가 달린 문 닫은 가게뿐이다.

그게 너무나도 적응하기 힘들었다. 직장인이던 시절 늘어진 컨디션과 텐션을 끌어올리기 위해 애를 쓰다 보니 과열돼서 근육통이 동반되던 월요일과는 달리 온종일 이놈의 좋은 소식은 언제 오나 하고 파리만 날리는 스마트폰을 바라보며 방구석을 득득 긁는 하루가 되는 거다. 이 무슨 열탕과 냉탕의 온도 차이인가? 일러스트나 디자인 일을 하시는 분들은 그나마 수정 요청이 온다든지 한다던데 나는 그런 것도 없었다. 대부분 원고를 보내면 금요일 오후에 포털에 송고가 되니 수정 요청이 온다면 그건 금요일 오전이었다.

글쓰기만 그런가 싶었는데 강의일도 그랬다. 지나고 나서야 깨달은 사실이지만 중고등학교 출강은 대부분 수·목·금에 스케줄이 몰린다. 성인 대상 강의는 화·수·목에 여는 게 불문율이다. 게다가 인터뷰 섭외나 담당자 연락은 아무리 한가해도 월요일은 피하란다. 직장인인 그들에게는 제일 효율이 낮을 때라 그렇단다. 일이 몰리다 보면 실수가 생길 수 있고 그러면 일을 두 번 하는 상황이 벌어진단다. 그러니 월요일은 의욕이 충만하고 한 주를 활기차게 시작해보려 하는 프리랜서의 기가 꺾이는 날인 것이다. 컨디션은 100%인데 몸은 완벽하게 만들어졌는데 감독님이 게임을 뛰게 해주지 않는 축구선수와 진배없었다.

처음에는 그래서 월요일만 되면 심심하다고 외치며 뒹굴다 온갖 영화와 시사프로그램을 섭렵하기에 이르렀다. 그게 지칠 때면 억지로 낮잠을 잤다. 그러다 깨면 속은 더부룩하고 가슴은 갑갑한 게 뭐하러 전직을 했나 프리선언을 했나 싶었다. 그래서 일부러 블루오션을 공략하자는 의미로 월요일에 성인 대상 강의를 열기도 했는데 자리에 앉은 수강생들의 얼굴이 매우 지쳐 보여 미안해졌다.

'너무 제 생각만 했네요.'

한 주의 시작인 월요일부터 흥이 넘쳐나고 재미가 폭발하는 것도 아닌, 앉아서 생각하고 집중해서 써야 하는 글쓰기 수업이라니. 내가 생각해도 좀 심했다 싶어서 그나마도 요일을 옮기고 그 후로는 월요일에는 수업을 진행하지 않았다.

그래도 이제 5년 차가 아닌가. 사계절의 흐름을 완벽히 그것도 몇 년을 경험하고 보니 나만의 노하우가 생겼다. 일단, 월요일에는 일이 없음을 인정하기로 했다. 대신 토요일까지 일을 하고 일요일과 월요일에 휴일을 갖기로 했다. 덕분에 남들은 밀린 집안일을 일요일에 한다는 데 나는 월요일에 혼자서 세탁기를 돌리고 바닥을 쓸고 닦는다. 다음으로는, SNS를 열심히 관리한다. 어찌 보면 일의 연장선이라고 볼 수도 있는데 재미로 하는 것이기도 하니 스트레스는 받지 않는 편이다. 주로 주말에 사람들이 무엇을 하며 시간을 보냈는지 확인하고 밀린 포스팅이 있으면 올린다. 마지막으로는, 각종 이벤트를 구상해본다. 이번 북캉스는 어디로 갈지 생각해보고 오타 원정대는 언제쯤 열면 좋을지 캘린더를 뒤져보며 새롭게 콜라보를 시도해볼 서점이나 기관들을 리스트업 해본다.

그러다 보면 하루가 간다. 화요일은 다시 숨이 조금씩 가빠져오고 수요일에는 가열차게 두 발이 달리고 목요일에는 어깨가 뻐근해져 오고 금요일에는 몸살 기운이 찾아오고 토요일에는 부담이 턱 끝까지 차오르지만 괜찮다. 어차피 내게는 일요일과 월요일이 있으니까. 프리랜서에게도 월요병이 있다는 건 어쩌면 내가 하는 일이 바뀌고 위치가 달라져도 여전히 애로사항이 있음을 뜻하는 게 아닐까? 그런 의미에서 빨리 받아들이고 방법을 모색하는 것이야말로 사회인에게는 필수 스킬이라는 생각이 든다.

아직도 갈 길이 멀다. 나는 언제쯤 이 세계의 베어그릴스가 될 수 있을까? 아마 천 번의 월요병을 더 겪고 나면 가능할지도.

월요일은
의욕이 충만하고 한 주를 활기차게 시작해보려 하는
프리랜서의 기가 꺾이는 날이다.
컨디션은 100%인데 몸은 완벽하게 만들어졌는데
감독님이 게임을 뛰게 해주지 않는 축구선수와 비슷하다.

쫌
촌스러운
사람

♥

어릴 적 내게는 CD 플레이어가 하나 있었다. 지금이야 스마트폰으로 다운로드도 하지 않고 노래를 듣지만, 당시만 해도 카세트테이프나 CD로 노래를 들었다. 그런데 아빠가 선물로 사다 주신 이 기계는 얼마 가지 않아 고장이 났나 싶을 정도로 제멋대로였다. 재생목록과 상관없이 제 맘대로 음악이 플레이되는 것이었다. 자다가 매번 내가 듣고 싶은 노래를 찾기 위해 버튼을 눌러야 해서 짜증이 났다.

'혹시 건전지가 다 닳아서 그런가?'

조막손 주제에 거금을 들여 건전지를 한 뭉텅이를 사고 갈아 끼웠지만 똑같았다. 여전히 노래는 재생목록과는 상관없이 내키는 대로 흘러나왔다.

"고장 났나 보다."

나는 그렇게 허망하게 망가진 CD 플레이어를 휴지통에 던져 넣었는데 이튿날 언니가 보고는 깜짝 놀라며 왜 버렸냐며 추궁했다.

"노래가 자꾸 제멋대로 나오잖아. 건전지가 다 돼서 그런 것 같아서 갈아 끼웠는데도 안 돼."

내 말을 듣고 이리저리 살펴보던 언니는 버튼을 톡 하고 누르더니 내게 다시 건네줬다.

"다시 틀어 봐."

그랬더니 기적과도 같은 일이 벌어졌다. 재생목록의 순서대로 노래가 나오기 시작한 거다. 오, 미라클! 하지만 그건 기적이 아니었다. 자다가 내가 랜덤 플레이 버튼을 눌러놓고는 고장 났다고 그동안 펄펄 뛴 것이었다. 그때 알았다. 나는 신문물이나 기계와는 거리가 먼 좀 촌스러운 사람이라는 걸.

요즘은 거기서 한발 더 나아가 인공지능이며 제4차 산업혁명이라고 떠들어대는 세상이다. 아침에 일어나면 스위치를 누르지 않고도 말만으로 집 안의 불을 켤 수 있으며 곧 있으면 자율주행차도 상용화된단다. 그런데 여전히 나는 이와 걸맞지 않은 행보를 이어가고 있다.

- 글은 노트북으로 쓰지만 그림은 여전히 손으로 그린다.
- 스케줄이 잡히면 휴대폰 캘린더에 표시는 하지만 다이어리에 이를 다시 옮겨 적는다.
- 교정을 볼 파일이 오면 노트북으로 확인하는 대신 무조건 프린트를 해서 확인한다.
- 영상편집을 한답시고 프리미어 프로그램을 배워놓고 스마트폰 기본 어플을 쓴다.
- 에버노트나 노션 혹은 슬랙과 같은 비즈니스에 적합한 툴들도 클라이언트가 요구할 때만 열어본다.

아… 나는 이 시대와는 걸맞지 않은 사람인 게 분명하다.

하지만 그럼에도 불구하고 프리랜서는 그러한 변화에 발맞출 줄 알아야만 한다. 일례로 재작년까지 중고등학교 진로교육 출강을 요청받을 때면 카카오톡 메신저로 연락이 왔다. 전 국민이 쓰는 앱이니 당연히 즉각 대답해 스케줄을 잡았다. 그런데 자체 개발 앱을 사용하게 되고 나서는 180도 달라졌다. 팝업 알람이 뜨지 않는 것이었다. 프로그램을 다시 지웠다가 깔아봐도 설정을 변경해도 상황은 같았다. 결국에는 신랑의 휴대폰에도 예전에 쓰다가 내버려둔 공기계에도 앱을 깔았다. 그 후로 어찌어찌해서 쓰고 있으나 한 반년간은 자의가 아닌 타의도 아닌 기계의로(?) 출강을 할 수 없었다. 슬픈 일이었다.

덕분에 그사이 전화로 문자로 요청이 오는 곳하고만 일을 진행했다. 만약 내가 프리랜서가 아니라면 물어볼 동료도 있을 것이고 회사에 요청하면 도움을 주었겠지만 애석하게도 나는 혼자였다. 게다가 일을 놓칠 때마다 그게 수입에 영향을 미쳤다. 내가 아무리 좀 촌스러운 인간일지라도 먹고살려면 프리랜서로 살아남으려면 어떻게든 따라가야 한다. 앱을 업데이트했고 곧 스마트폰 단말기를 바꿀 예정이니 앞으로는 그런 일이 발생하지 않았으면 하고 바랄 뿐이다.

또 하나의 사례를 들겠다. 들으면 픽하고 웃음이 터져 나올지도 모른다. 나는 엄청난 방향치다. 건물에 들어갔을 때와 다른 곳으로 나오면 길을 못 찾는다. 무조건 들어간 곳으로 나와야 한다. 그러니 새로운 장소에 갈 때마다 스트레스를 받는다. 가야 할 곳과 내가 예상한 방향은 어찌나 매번 반대인지 이제는 거꾸로 그걸 응용할 정도가 되었다. 이쪽이다 싶으면 저쪽으로 가기. 아무튼, 처음 프리랜서로 일을 시작할 때는 촌스럽게 포털사이트 지도에서 경로를 찾아 프린트해서 들고 다녔다. 그걸로도 마음이 불안해 30분이 아니라 1시간의 여유를 두고 나섰다. 그런데도 길 찾기가 쉽지 않았다. 요즘에 누가 지나가는 사람을 붙잡고 길을 물어볼까 싶지만 내가 그랬다. 그러다 진땀을 있는 대로 빼고 파김치가 되어 목적지에 도착하기 일쑤. 그럼에도 불구하고 지각 한 번 안 한 건 어떻게든 제시간에 도착해야겠다는 프로의식 덕분이었다. (이런 장점이라도 있어야지, 안 그럼 저 같은 사람은 굶어 죽습니다)

그런데 어느 날 신랑이 왜 그러고 다니느냐며 지도앱 사용법을 알려줬다. 그야말로 신세계였다. 위치정보수집을 허락하면 내가 서 있는 곳이 빨간 점으로 표시가 되는데 이게 방향이 헷갈릴 때 쓰면 귀신같이 답을 알려줬다. 덕분에 그 후로는 새로운 곳에 갈 때 그렇게까지 긴장할 필요가 없게 되었다. 알고 보니 이미 다들 그렇게 다니고 있었다. 나만 몰랐던 거다. 참 촌스럽다.

여기에 하나만 더하자. 독립출판이 활성화되고 굿즈 만들기가 필수화되면서 다들 인디자인이나 포토샵 혹은 일러스트로 내지 편집도 하고 그림도 그리고 포스터 정도는 뚝딱 만드는 수준이 되었다. 그런데 나는 이걸 하나도 못 한다. 노트북 성능이 좋지 않아 인디자인이나 포토샵 그리고 일러스트 모두 잘 깔리지 않고 깔린다 할지라도 버벅거린다. 솔직히 설치해도 잘 쓸 자신이 없다. 분명 학교 다닐 때 포토샵을 배웠는데

다 까먹었다. (생각해보니 그 시간에 나 홀로 웹서핑을 했던 것 같기도) 암튼 이러한 툴을 다룰 수 있는 능력이 필요해지는 때가 요즘 들어 많은데 여전히 나는 그 어느 것도 마스터하고 있지 못하다.

하지만 프리랜서란 모름지기 대세를 따라가야 하는 법. 그래서 꼼수를 사용하고 있다. 일단 그림은 손으로 그리고 스캔을 한다. 지난번 단행본의 굿즈로 에코백을 만들 때는 실크스크린 방법을 활용했다. 일러스트로 그림파일을 만들어 인쇄소에 넘기면 찍어서 완제품이 배송되는데 나는 그걸 못해 손으로 그림을 그리고 판화 방식을 이용해 일일이 찍어 만들었다. 처음이라 불량품이 많아 총 30개 중에서 20개만 건졌다. 개당 단가를 따져보니 참 어리석은 짓이었다. 강의 포스터를 만들 때는 좀 창피하지만, PPT나 유료사이트를 이용한다. 아주 간단한 작업일 경우에는 파워포인트로 사진을 불러들이고 그 위에 텍스트를 입힌다. 초등학생도 할 수 있다. (절대 너희들을 무시하는 건 아니란다) 사이트의 경우에는 기본적인 디자인이 제공돼서 문구나 일러스트의 위치 혹은 배경색 등을 바꿔 내 입맛에 맞게 만들 수 있다. 좀 더 프로페셔널한 느낌이 필요할 때 사용하는 편인데 무료 버전을 쓰다가 워터마크 때문에 아무래도 안 되겠어서 곧 유료버전을 결제해 사용할 예정이다.

　가끔은 자괴감이 든다. 내가 이렇게 시대에 뒤떨어진 사람인가 하고. 그런데 생각해보면 프리랜서라는 수식어가 붙은 직업 중에 내 직업이야말로 가장 트렌디하지 않다. 펜과 종이만 있으면 할 수 있고 끽해야 노트북 정도만 구비하면 가능하다. 전자책도 있고 오디오북도 있지만, 여전히 독자들은 종이책을 찾고 수많은 출판사는 매일 백여 종이 넘는 단행본을 만들어내고 있다. 분명 불편하다. 텍스트를 사이트에 올리면 편한데 일일이 디자인을 하고 종이에 인쇄해 창고에 보관해 놓았다가 전국에 있는 서점으로 발송하는 게 말이다. 하지만 어쩌면 그 촌스러움이 너무 빠르게 너무 첨단화되어가고 있는 세상에서 빛을 발하는 덕목이 아닐는지.

　그래서 오늘도 나는 묻어가려 한다. 좋게 말해 촌스럽고 나쁘게 말해 시대에 뒤떨어진 인간이지만 여전히 내 직업의 본질은 세상에 이야기를 들려주는 것으로 생각하면서.

모 객 의
데 이 터
사 이 언 스

♥

한 번 붙여봤다. '넛지'니 '피봇'이니 '린 스타트업'이니 그런
말을 써보고 싶었다. 나라는 인간은 너무나 편파적이고 감정
적이고 주관적이라 공정하고 이성적이고 객관적인 용어를 사
용해서 설명해보고 싶었다. 그러니 모객의 '데이터 사이언스'
라는 말은 없다. 하지만 내 안에 축적된 다년간의 경험을 통한
모객의 꼼수는 존재한다.

사실 프리랜서로 전업하기 전 '모객'이라는 말을 들어본 적
도 써본 적도 거의 없다. 항상 직장에서 일거리는 모아다가 주
고 사람을 끌어다 줘서 내가 해야 할 일은 빈틈없이 물 샐 틈
없이 관리하는 것이었다. 덕분에 머리가 한 움큼 빠지는 스트
레스를 경험하기는 했지만 내가 앞장설 필요는 없었다. 그건
내 역할이 아니었고 아니라고 생각했다. 그런데 전직을 하고

나니 달라졌다. 일하기 위해서는 첫째도 모객 둘째도 모객 셋째도 모객이었다.

참, 그러고 보니 직장인이던 시절 이를 경험해본 적이 있다. 상당히 고통스러운 체험이었는데 한번은 회사 정책이 바뀌었는지 강사도 원비수납을 하고 홍보물 돌리는 일을 하라고 했다. 당시 근무시간이 12시부터 8시 30분까지였는데 당연히 일찍 출근해 가외로 업무를 처리하는 거였다. 그게 아니라면 점심시간으로 주어진 30분을 쪼개서. 어깨띠를 두르고 마트 앞에서 전단지를 나눠주고 사무실로 돌아오니 다리가 후들거렸다. 강의를 이미 꽤 들은 수강생이 그만둔다며 불가능한 환불을 요구하는데 내게 전화를 돌려줬다. 덕분에 "제가 애초에 안내해드린 사항이 아니라 정확히 말씀드릴 수가 없네요"와 "담당자분께 전달 드릴게요"를 반복하며 내 잘못도 아닌데 사과를 하며 대화를 마무리했다. 그때는 이게 모객과 관련된 일이라는 걸 인지하지 못했다. 그저 부당한 처사라고만 여겼지.

암튼 '모객'이라는 말을 쉽게 풀자면 '고객을 모으는 것'을 뜻한다. 내가 무슨 일을 하든 봐주는 사람이 있어야 하고 이에 기꺼이 지갑을 열 사람이 있어야 한다. 그래야 계속 거래처와 관계를 이어갈 수 있고 또 그게 수익이 되어 한 달을 살고 두 달을 살고 보릿고개를 어찌어찌 넘게 되는 것이다. 그런데 다른 직업도 아니고 글을 쓰는 기자 겸 작가로 살면서 모객을 할 일이 있느냐는 의문을 가질 수도 있겠다. 답은 '그렇다' 이다. 프리랜서라는 수식어를 달고 있는 그 어떤 직종이라도 고객를 모으는 건 전적으로 본인의 업무이자 역할이다.

그런데 이게 참 예측하기가 힘들다. 5년 차면서 만 3년을 꼬박 넘게 모객을 경험한 나로서도 정답은 가지고 있지 않다. 어떤 때는 당연히 수강생이 모일 거라 생각하고 수업을 오픈하고 홍보를 했는데 폐강이 되기도 하고, 반대로 수강생이 모이지 않을 거라 생각해 한둘만 모이면 개강을 하겠다고 마음을 먹었는데 만원사례를 이룬 경우도 있었다. (그래 봤자 소규모라 6~7명입니다) 제일 끔찍한 건 의욕이 잔뜩 넘치는 상태에서 강의를 개설했는데 연달아 문을 닫게 될 때다. 그러면 정말 몇 달은 시도조차 하고 싶지가 않다. 강제 공백기를 가지게 되는 것이다.

그러면서 내가 하는 일은 '예술'이기보다는 '예술'을 다루는 '비즈니스'라는 생각도 하긴 했다. 하지만 어쨌든 내가 좋은 결과물을 (작가라면 출간이나 연재 혹은 공모전 당선, 기자라면 꾸준한 활동이 이에 해당하겠다) 내지 못한다면 강의에 사람이 구름처럼 모여들어도 소용이 없다. 그건 금방 꺼질 거품에 불과하니까. 모객은 홀로서기를 시작한 사람이라면 무엇보다

가장 먼저 배우고 익혀둬야 할 항목이지만 불행히도 이를 가르쳐주는 곳이 없다. (제가 덜 찾아봐서 그럴 수도 있겠지만 관련 검색어로 도서를 찾아봐도 영상을 찾아봐도 요식업 혹은 관광업과 관련된 경우만 나와서 제 업종에 적용하기가 힘들었습니다)

그리하여 맨땅에 시작된 '모객 원정대' 되시겠다. 나는 보무도 당당하게 무조건 최소 3명은 모으자는 마인드로 각종 모임과 클래스를 벌이기 시작했다. 우선, 원데이 클래스부터 시작했다. 한 번에 두 시간 정도 이론을 설명하고 질문을 받는 가장 흔하고 캐주얼한 형태의 강의였는데 첫 1년간은 잘 흘러갔다. 못해도 매회 5~6명은 모였다. 그렇지 않더라도 두 명만 와도 폐강을 하지 않았다. 제일 많았을 때는 9명 정도였던 것으로 기억한다.

이를 통해 모객에는 계절의 영향이 참 크다는 걸 배웠다.

우선, 너무 더워도 안 된다.

둘, 너무 추워도 안 된다.

셋, 너무 날씨가 좋아도 안 된다.

진짜다. 다행히 날씨가 극한 지점에 이르는 기간은 한 달 정도다. 내 경우에는 8월, 12월, 2월, 9월에는 모객이 잘 안 되었다. 8월은 너무 더워서 12월은 연말이어서 2월은 너무 추워서 9월은 날씨가 너무 좋아서. 초보라면 이때는 피하는 게 좋다. 물론 업종에 따라 여름이 초성수기인 숙박업이나 관광업 혹은 식음료업은 괜찮을 수 있다. 하지만 그게 아닌 글쓰기 강의는 파리나 모기 혹은 진눈깨비만 날릴 수가 있다.

3년이라는 사이클을 도니 이번에는 플랫폼의 영향도 적지 않다는 걸 배웠다. 네가 이 일을 시삭했을 때만 해도 가장 핫한 SNS는 누가 뭐래도 '페이스북'이었다. 그런데 어느 순간 광고에 대한 반응이 줄기 시작했다.

'뭐가 문제지? 광고가 너무 별론가?'

물론 그런 이유도 있겠지만 어느 순간 사람들은 '인스타그램'으로 옮겨가 활동을 하고 있었다. 이제는 아예 자리를 잡아, 모르는 사람을 만나면 인스타그램 아이디를 묻거나 책 앞 저자 소개 페이지에 인스타그램 주소를 넣기도 한다. 여전히 페이스북을 이용하는 이들도 많다. 다만 조금 더 높은 연령대가 활동을 하기 때문에 광고를 진행하게 되면 타깃에 따라 둘 다 신경을 써줘야 한다. 요즘엔 유튜브가 대세로 떠올랐는데 다루는 콘텐츠가 너무나도 달라 효과가 높다는 걸 알면서도 활용하지 못하고 있다. 어깨너머로 들은 이야기인데 SNS는 7

년이 고비라고 한다. 이 시기를 넘어가면 다른 플랫폼에 자리를 내주게 된단다. 그러니 바짝 안테나를 세울 수밖에.

5년 차가 되니 혼자보다는 함께 하는 편이 영향력이 좀 더 커진다는 걸 배웠다. 열심히 활동한다고 했는데 아직도 나를 모르는 사람이 세상에 차고 넘친다. 가끔은 태평양에 조약돌을 던져 넣고 있는 것 같다는 기분이 들 때도 있다. 그러다 보니 활동하는 영역이 같건 다르건 코드가 잘 맞으면 서로 도와가며 품앗이하듯 홍보를 하는 게 모객에 도움이 된다는 걸 알게 되었다. 이걸 인맥으로 포장할 생각은 없다. 솔직히 나는 그 말을 좀 싫어하는 편인데 사람은 좋다가도 싫어질 수 있고 싫다가도 좋아질 수도 있는 데다가 또 애초에 그런 마인드로 다가가면 귀신같이 알아챈다. (상대방은 바보가 아니다) 그저 진정성을 가지고 여러 사람을 만나다가 뜻이 맞는다 싶으면 자주 보면서 허심탄회하게 이야기를 나눠보고 콜라보로 일을 추진해보는 게 좋다.

다만 수수료를 떼는 대신에 업체가 모객을 해주는 방식은 솔직히 위험부담이 크다고 말해주고 싶다. 그들도 수익을 내야 하고 또 처음에는 작은 부담을 지우더라도 나중에는 단가를 올리거나 무리한 요구를 할 수 있다. 또한, 내가 개설하는 강의

객단가를 강제로 낮추게 하는 경우도 봤다. 무엇보다 그런 시스템을 빌리게 되면 나중에 오류가 생겼을 경우 뒤처리는 결국엔 내가 해야 한다. 중복으로 예약이 되었다든지 결제 취소를 해야 하는데 그게 안 된다든지 하는 경우가 벌어지는 걸 종종 봤다. 그러니 처음에 좀 힘들더라도 직접 부딪혀 경험해보고 어느 정도 노하우가 쌓이고 알겠다 싶을 때 함께 하되 창구를 일원화하지는 말자. 세상에 생겼다가 없어지는 업체가 얼마나 많은지 아는가? 그들은 문을 닫으면 그만이지만 우리는 프리랜서는 문을 닫을 수 없다. 평생 할 일이니까.

마지막으로, 30년을 넘게 살다 보니 모객이란 사람을 쪼잔하게 만든다는 것 또한 배웠다. 어쩔 수 없이 초반에는 주로 지인에게 도움을 청하게 된다.

'할까 말까…. 에이 좀 그렇다.'

그런 고민을 하다가 어렵게 내가 하는 행사나 강의에 초대했다가 거절이라도 당하면 그날은 나 자신이 너무나도 작아지는 것만 같았다. 그 일을 연거푸 당한다면 데미지는 더욱 크다. 하지만 거꾸로 생각해볼 필요가 있다. 나 하나만 그런 부탁을 하겠냐 말이다. 독립해 자기 일을 막 시작한 지인들을 주위에 잔뜩 둔 사람이라면 얼마나 괴로울까? 다 들어주자니 힘에 부치고 안 들어주자니 미안하고. 그들도 그런 갈등을 겪게 된다는 거다.

그러니 지인을 대상으로도 모객을 하고 싶다면 아주 은근히 신경이 쓰이지 않는 선에서 해야 한다. SNS에 대문짝만하게 올리고 자주 올리는데도 관심을 표하지 않는다면 정말 관심이 없는 거다. 댓글이 달린다고 해서 너무 설레지 마라. 딱 응원하는 그 정도의 마음일 테니까. 그리고 지인이 모객의 대상에서 벗어났을 때가 진짜 독립이다. 나를 잘 모르는 사람이 찾아오기 시작할 때 그때가 진짜 시작이다. 내 밥은 내가 벌어먹고사는 일의 시작 말이다.

다
그만둘까 봐

♥

계절의 흐름과는 상관없이 주기적으로 나를 찾아오는 병이 하나 있다. 그건 바로 '다 그만둘까 봐' 병 = '회사로 돌아갈까 봐' 병 되시겠다. 하루에도 몇 번씩 천장을 바라보며 내가 왜 직장을 그만뒀을까를 반추하다가 혼자서 중얼대다가 어느 순간 잠들기 전 침대에 누워 한숨과 함께 크게 내뱉고 마는 것이다.

"나, 다 그만둘까 봐."

그런데 그 말을 하는 순간 깨닫는다. 이미 내가 다 그만두어서 더는 그만둘 게 없다는 걸. 회사 다닐 때 하도 그 말을 달고 살아서 프리랜서가 되면 그런 생각이 들지 않을 줄 알았다. 내가 좋아하는 일이니까. 가만 생각해보면 그때는 막연한 판타지같은 게 있었던 것 같다. 프리랜서에 대한. 특히 좋아하는 걸 업으로 삼았을 때의. 왠지 며칠 밤을 새우고도 끄떡없을 것 같았고 열정과 의욕은 끊임없이 샘솟을 것 같았고 매일 긍정 에너지를 전파하며 행복할 것만 같았다. 하지만 지나고 나니, 내가 지금 그 상황이 되어보니 절대 저. 얼. 대. 그렇지 않다.

논리적으로 과학적으로 통계와 수치를 가지고 그러한 현상을 설명할 수 있는 능력이 있다면 좋겠지만 내겐 그런 좌뇌가 아예 존재하질 않는다. 다만, 추측만 해볼 뿐이다. 저 병이 도지는 건 영락없이 힘이 부칠 때다. 이것도 해야 하고 저것도 해야 하는데 그 맘처럼 몸이 따라주지 않을 때 혹은 이것도 하고 싶고 저것도 하고 싶은데 억지로 참고 기다려야 할 때 그리고 이 사람과도 또 저 사람과도 인연을 이어가고 싶은데 자꾸만 관계가 끊기고 변할 때가 그렇다.

들쭉날쭉한 내 스케줄에 하루에 두 탕이란 거의 존재하지 않는다. 일단 다이어리에 그 일정을 적는 순간 스스로 스트레스를 너무 많이 받는 데다가 일이 있으면 전날 저녁부터는 외출도 삼가고 마음의 준비와 컨디션 조절을 하는 편이기에 가급적 연달아 잡지 않으려 한다. 그런데 모든 일이 내 맘 같지 않은 법. 간혹 하드한 스케줄이 며칠씩 이어지거나 하루에 먼 거리를 오가며 두 탕을 아니 세 탕을 뛰어야 할 때면 나는 도망갈 곳이 없어 마음속으로 기어들어가 숨는다. 그나마 요즘에는 나름 요령이 생겨서 바쁠 때는 아예 생각을 차단한다. 그리고 나를 로봇처럼 조종한다.

"내일 아침 9시에 일어나. 움직여. 강의해. 끝나고 이동해. 밥 먹어. 또 강의해."

감정을 모두 뺀 채 명령조로 그날 내게 명령한다. 입력을 한 대로 움직이다 보면 어느새 미리 받을 스트레스를 차단할 수 있고 또한 '다 그만둘까 봐' 병도 '회사로 돌아갈까 봐' 병도 멈칫하고야 마는 것이다.

또한, 인내와는 담을 쌓고 살아온 성격이 무지 급한 나로서는 뭔가를 진득하게 가만히 기다리는 걸 잘하지 못하는 편이라 (글 쓰는 스타일만 봐도 그렇습니다. 다른 사람이라면 써놓고 저장해두었다가 몇 번의 퇴고를 거쳐 완벽한 모습으로 내보일 텐데 저는 빨리 이 생각을 이 감정을 공유하고 싶어 죽겠습니다. 은는이가 하나 정도는 틀려도 이해해주시겠거니 하면서요. 물론 출판 작업은 절대 그렇게 하지 않습니다. 돈을 받고 파는 상품이니까요) 결과물이 세상에 짜잔! 하고 나오기 바로 전만 되면 혼자서 굴을 파고 들어가 또다시 '다 그만둘까 봐'를 되뇌는 것이다. 그렇다. 실은 요즘이 그렇다. 새로운 책이 세상에 선을 보이기 바로 직전이다. 마치 태풍 전야처럼 동트기 전 어둠처럼 불안하고 답답하고 막막하다. 내가 할 수 있는 건 다 했고 이젠 기다리는 것뿐이니까.

직장에 다닐 때는 기다리는 일이 거의 없었다. 오히려 반대로 채근을 당하는 일이 많았다. 자리를 비웠다가 돌아오면 수북이 쌓여 있는 메모들. 앉기가 무섭게 전화기를 들거나 컴퓨터로 해야 할 작업이 나를 기다리고 있었다. 한번은 회의 후 잠시 바람을 쐬러 건물 앞에 나갔다가 전화를 받은 적도 있다. 컴플레인을 막 처리하고 스트레스가 머리끝까지 차오른 걸 아는 사장님이 걱정되어서 연락한 것이라 했다. 그랬다. 직장인일 때는 나의 부재에 마치 인류의 운명이나 지구의 존폐가 걸려 있는 듯 느껴졌다.

하지만 이제는 그렇지 않다. 무슨 일이든 내 손을 떠나고 무르익고 완벽해질 때까지 기다려야 한다. 또한, 무슨 일이든 저질러진 다음 사람들의 반응을 확인할 때까지 무조건 기다려야 한다. 다 '참을 인' 자를 새기는 과정의 연속이다. 그렇다고 그새를 못 참고 닦달할 수도 없다. 거꾸로 직장인이었던 심정을 잘 아니까. 내 일만이 그들의 업무는 아닐 테니까. 이건 요령도 터득하지 못한 듯하다. 대신 역지사지의 정신으로 허벅지를 바늘로 찔러가며 있는 대로 참을 뿐. 아무튼, 그렇게 '다 그만둘까 봐' 병과 '회사로 돌아갈까 봐' 병의 확산을 막는다.

마지막으로, 답이 없는 관계 정리다. 사실 난 변화를 좋아하고 또 추구하는 사람이라 반복되는 걸 참지 못한다. 초중고등학교를 다니며 단 한 번도 개근상을 타지 못했던 건 매일 학교에 가야 하는 똑같은 행위의 지루함과 괴로움을 참지 못해서였다. 한번은 학교에 가지 않겠다고 몰래 할머니방 붙박이장에 숨은 적도 있었다. 직장인이 되어서는 돈을 받고 일을 하는 처지이다 보니 그럴 수 없었고 그래서도 안 된다고 생각했지만 그게 못내 답답했다. 나는 퐁당퐁당이 좋았다. 남들이 주 5일제를 외칠 때 주 3일제를 외치던 혁신의 아이콘 아니던가. 그래서 프리랜서가 되면 마냥 좋을 줄만 알았다. 다양한 프로젝트를 맡아서 할 수 있고 다양한 사람들을 만날 수 있을 테니까. 하지만 현실은 그렇지만은 않았다. 웬만한 변화에도 잘 적응하는 나였지만 그게 언제 어떻게 벌어질지 모른다는 예측 불가능성은 염두에 두지 않았던 데다가 짧으면 한 번 길어야 3년을 넘기지 못하는 상황에 당황하고 힘이 빠지는 거다.

- 세팅을 다 해놓고 담당자랑 말을 다 맞춰놨는데 자꾸만 담당이 바뀌는 경우. (많을 때는 반년도 안 된 시기에 세 번 교체된 적이 있다. 심지어 한번은 인사도 제대로 나누지 못했는데 메일로 통보받은 적도 있다. 다른 담당자가

이 업무를 맡게 되었다면서)

• 마음을 주고 정도 준 거래처가 2년도 안 되어서 문을 닫는 경우.

• 뜻이 잘 맞아 프로젝트를 진행했는데 결론적으로는 한 번만 하게 된 경우.

매번 새로운 사람과 비슷한 이야기를 처음부터 하는 것도 매번 다른 업체와 비슷한 이야기를 맞춰가는 것도 힘에 부치게 되면 그때 다시 한번 '회사로 돌아갈까 봐' 병이 도진다. 이건 요령도 적응도 없다. 그냥 인정할 뿐. 다행히 이럴 때는 작별인사를 많이 해본 경험이 도움이 되기는 한다. (거짓말입니다. 매번 느끼는 싸함과 슬픔은 똑같아요. 매일 새롭게 생성되고 차오르나 봅니다)

밴쿠버 국제공항은 내게 눈물과 이별의 장소였다. 내가 제일 끝까지 남아 공부를 한 탓에 먼저 귀국하는 친구들을 데려다주고 인사를 건네야 했다. 그들은 홀가분한 기분으로 떠나지만 나는 그들과의 추억을 떠올리며 결국 침통한 기분이 되고야 마는 것이었다. 그들은 몰랐을 거다. 다운타운으로 돌아오는 버스에서 너무 많이 울어 휴지 쪼가리가 얼굴에 덕지덕지 붙어 누가 말해줄 정도였다는 것을. 그래서 지금의 이 상황이 그때와 다르지 않다는 걸 안다. 근속이라는 말 자체가 존재하지 않는 프리랜서의 세계에서 짧은 만남과 급작스러운 이별은 피할 수 없다는 걸. 나는 이번만큼은 그냥 매번 그 기분에 젖어있기로 했다. 대신에 금방 빠져나오기로.

다행히 '다 그만둘까 봐' 병에도 '회사로 돌아갈까 봐' 병이 비정기적으로 찾아옴에도 이 일을 그만두지 않은 건 어쩌면 내가 징징대기는 했지만 잘 맞는 구석이 있어서 일 거다. 그러니 힘들 때 딱 한 번만 입에 올려보련다. 아무도 듣지 못하는 데서. 이불이라도 뒤집어쓰고. 대신 그다음 날부터는 다시 힘차게 원래의 나로, 행복한 프리랜서로 돌아가는 거다.

"나, 다 그만둘까 봐."
그런데 그 말을 하는 순간 깨닫는다.
이미 내가 다 그만두어서
더는 그만둘 게 없다는 걸.
회사 다닐 때 하도 그 말을 달고 살아서
프리랜서가 되면
그런 생각이 들지 않을 줄 알았다.
내가 좋아하는 일이니까.

거절의
뺨
싸대기

♥

좀 더 고상해야 한다. 좀 더 순화할 필요가 있다. 생각해놓고도 써놓고도 뺨 싸대기라는 표현이 끝내 걸렸다. 그런데 아무리 바꾸려고 해도 다른 단어로 대체하려고 해도 입에 짝 들러붙지 않았다. '거절의 뺨 때리기' 혹은 '거절의 뺨 맞기' 또는 '거절의 타격' 등 노력은 해봤으나 결국 아무리 싼티가 나도 '거절의 뺨 싸대기'라고 쓸 수밖에 없었다.

호탕하고 낙천적으로 보이는 바깥에서의 모습과는 달리 소심하고 비관적인 게 원래 내 모습이다. 가끔은 이 때문에 가족들에게 미안하기도 하다. 늘 동전의 뒷면만 보여주는 것 같아서. 하지만 그렇다고 해서 방전된 몸을 이끌고 조커처럼 억지웃음을 지어 보일 수는 없는 것 아닌가? 게다가 세상에 단 하나뿐이라는 '홈 스윗 홈'에서까지 거짓되게 살고 싶지는 않았다. 시도를 해보기도 했는데 그때마다 입만 웃고 눈은 우는 모양새 그대로라 오히려 무섭다고 했다.

"그냥, 원래 하던 대로 해요."

보다 못한 신랑이 내게 건넨 조언이다.

암튼 그러다 보니 멘탈이 튼튼할 리가 없다. 거절 앞에서 한 없이 작아지고 실패 앞에서 한없이 쪼그라드는 사람들을 일 명 '쿠크다스 멘탈'이라고 하던데 나는 그 수준도 못 된다. '두 부 멘탈'에 가깝다. 그냥 무슨 한마디만 하면 주먹을 입에다 넣고 억억거리며 울 기세다. 기사에 첫 악플이 달렸을 때 그게 건설적인 내용인지 아닌지에 상관없이 그날 밤 나는 좀비모 드였다. 노트북을 켜놓고도 커서가 한참을 깜빡거리는 데도 한 자를 적지 못했다. 무서웠다. 내 글에 반응이 있다는 게 반 갑기보다는 장난삼아 던진 돌이 비수가 되어 내 마음에 정확 히 정가운데 꽂혀버렸다. 한참을 그러고 있자 엄마가 내게 한 마디를 던졌다.

"그럴 거면 글 쓰지 마. 사람들이 반응하는 게 싫으면 쓰지 마."

남한테는 한없이 자애로우면서 자식에게만 그것도 못난 자 식인 둘째 딸에게만 매번 팩트폭행을 서슴지 않는 엄마는 냉 정했다. 솔직히 그랬다. 사람들의 반응에 일희일비할 거라면 글을 공개해서는 안 된다. 그게 내 손을 떠나는 순간 그걸 어떻게 해석하고 받아들일지는 더는 내가 컨트롤할 수 있는 영역이 아니다. 맞는 말이다. 정말 맞는 말이다. 하지만 그렇다고 해서 두부 멘탈인 내가 하루아침에 말 한마디에 바뀔 리 없다. 대신 나는 그다음부터는 댓글을 확인하지 않고 댓글 수만 확인하는 꼼수를 부리기 시작했다. 악플보다 무서운 게 무플이라며. 그렇다면 개수가 중요한 거 아니겠어 라는 마음으로 글을 쓰고 넓은 인터넷 세상에 던져버렸다.

하지만 악플보다 내 멘탈을 뿌리부터 흔들어놓는 건 바로 '거절'이다. 프리랜서가 되던 첫해는 나를 모르는 이들에게 내가 어떤 사람인지 무엇을 할 수 있는지를 브리핑하듯이 읊고 다녀야 했다. 그게 힘에 부치기는 했지만, 첫 삽이라 생각하고 무식하게 뜨기만 했다. 그에 대한 대답이 거절로 하나씩 돌아오기 시작하자 그야말로 내가 판 구덩이에 들어가 살포시 흙을 덮어버리고 싶은 심정이 되었다. 프리랜서 기자 겸 작가인 내가 거절을 당하는 상황은 크게 세 가지다.

하나, 원고 투고
둘, 공모전 응모

셋, 취재 요청

이 중에서 가장 타격이 큰 것은 바로 '원고 투고'라 할 수 있겠다. 셋 중 후유증이 제일 길고 강력하다. 그 이유는 아마도 이미 다 써놓은 원고에 대한 거절 답변을 듣기 때문일 텐데 일부분 완성된 후에 출간 컨택을 하지 않고 전체 분량이 완성된 후에 메일을 보내는 탓에 일이 틀어지기라도 하면 단행본 한 권 분량의 글을 날리게 되기 때문이다. 어렵사리 성사된다 하더라도 단 한 번의 기회를 잡기까지 수많은 거절의 회신을 받아야 하는데 그게 하루에 두 통 이상 연이어 날아오면 그 날의 기분은 회복 불가다.

'너의 글은 가치가 없어!'

'너의 글은 쓰레기야!'

'그만 써!'

'그만둬!'

분명 정중한 거절의 내용에도 불구하고 내 존재를 부정당하는 것만 같고 이 일을 왜 시작했나 하는 근원적인 의문 내지 의심마저 품게 되는 것이다. 지금까지 내가 낸 단행본은 총 3권. 그러니 얼마나 많은 거절 메일을 받았을지는 상상에 맡기겠다. 그리고 과학적으로 통계적으로가 아닌 주관적으로 주먹구구식으로 계산해본 결과 후유증은 보통 3일에서 1주일 정도 가는 것으로 집계되었다.

　그다음으로 가장 많이 받아들게 되는 거절은 원고 투고 때와는 달리 답변도 없다. 그야말로 '무소식이 희소식'이 아니라 '무소식은 무소식'이다. 공모전 결과 발표날이 되면 스마트폰과 메일 그리고 공식 홈페이지를 수시로 열어보며 뭐 마려운 강아지처럼 쩔쩔맨다. 차라리 오전에라도 공지해주면 다행인데 오후 늦게 그러니까 딱 퇴근시간인 6시 전후에 공지가 되면 그날 하루는 다 날렸다고 보면 된다.
　'그러게……'
　'나 같은 게……'
　'내가 뭐라고……'
　이때는 자조 섞인 한숨과 함께 그나마 바닥인 자존감이 크레바스 밑까지 추락해 뒹굴고야 마는 거다. 이 또한 과학적으로 통계적으로가 아닌 주관적으로 주먹구구식으로 계산해본 결과 후유증은 보통 1주일에서 길게는 반년 정도 간다.
　'난 아냐…. 티끌 같은 존재일 뿐….'

　마지막으로, 데미지가 그나마 적은 편인 건 바로 '취재 요청

거부'다. 다행인 건 이를 위해 항상 대안을 마련해놓는데 플랜 B가 아니라 B-1, B-2, C-1 등등 수많은 옵션을 준비해놓기 때문에 거절당하면 재빠르게 다음으로 넘어간다. 하지만 그렇다고 해서 아무렇지 않은 건 아니다. 내 경우에는 모르는 사람보다는 아는 사람 혹은 친분은 없지만 호감을 느끼고 지켜본 대상일 때 데미지가 크다.

한번은 여기저기 소개를 하고 다닌 서점이 있었는데 널리 알리고 싶은 마음에 인터뷰 요청을 했다가 대차게 까였다. 그냥 읽씹이었다. 하지만 안다. 역지사지의 입장에서 일하다 보면 바빠서 답변해야지 해야지 하면서 못하는 경우도 많고 인터뷰 자체가 부담스러울 수도 있을 테니까. 아니면 내 접근방식이 틀렸을 수도 있다. (이래 놓고 저 역시 직장인이던 시절 인터뷰 요청이 온 걸 끝내 고민하다 거절한 적이 있습니다) 그래서 이제는 가까운 사이일수록 섭외를 하지 않으려고 하는 편이다. 괜히 혼자만 마음 상하는 일 없게. 이 역시 과학적 통계적이 아닌 주관적 주먹구구식으로 계산해본 결과 후유증은 당분간 지속된다.

그렇다면 어떻게 5년 차가 되도록 살아남았냐고 반문할 수도 있을 것이다. 두부 멘탈이라며? 거절당하면 땅 파고 들어

간다며? 라면서 말이다. 이 또한 경험치가 쌓이니 나름의 노하우가 생겼다.

하나, 되도록 많이 던지고 본다.
둘, 던져놓고 까먹는다.
셋, 어쭙잖게 괜찮은 척하지 않고 되도록 몹시 괴로워한다.

투고할 때 많은 사람이 100여 군데는 보내야 한다고 하지만 나는 여태껏 그 정도까지 시도해본 적은 없다. 아무리 많아야 50군데 정도인데 이나마도 숨은 참조로 보낸 적은 단 한 번도 없다. 일부 수정을 거치거나 아예 새롭게 작성한 뒤 한 통씩 전송 버튼을 눌렀다. 그래도 그중 한 곳과는 늘 인연이 닿았기에 승률은 나쁘지 않은 셈인데 어쨌든 한두 곳에 목숨을 거는 건 아니니 되도록 많이 던지는 전략에 가깝다고 본다.

그다음으로는 공모전에 지원하고 나서 아예 발표 날짜를 기억에서 지우는 거다. 거기에 플러스, 같은 작품으로 여러 군데 지원을 하는 게 아니라 그때마다 새로 써서 보낸다. 그러면 원고도 쌓이고 글쓰기 연습도 될 뿐더러 어느 순간 자연스럽게 까먹는 거다.

"내가 이걸 여기다 보냈나?"

그게 통한 순간이 있었는데 그건 바로 등단했을 때였다. 교보문고에 들렀다가 지역에 있는 문인협회에서 문예대전 공모전을 주관한다는 포스터를 봤다. 메일 주소를 적어와서 원고를 보내고는 결혼 준비라는 소용돌이에 휘말려 까맣게 잊고 있었다. 될 거라고 조금도 생각하지 않았다. 그간 무수히 떨어졌으니까.

그런데 신혼여행에서 돌아온 날, 모르는 번호로 전화가 왔다. 그랬다. 내 작품이 최종심에 올랐는데 혹시 다른 곳에 발표된 적이 있는지 확인차 연락을 했단다. 낮잠을 자다가 비몽사몽간에 받은 터라 아니라고 꼬박꼬박 대답하면서도 이게 꿈인가 싶었다. 전화를 끊고 이건 보이스피싱이라고 확신했다. 그런데 정말이었다. 그리고 그다음 날인가? 그다음 다음 날인가? 며칠 뒤, 대상을 타게 되었다는 연락을 받았다. 수상소감과 함께 시상식 참석여부를 회신해달라고 했다. 그제야 실감이 났다. 다른 공모전에 비하면 크지 않은 액수이지만 그때 받은 상금 50만 원은 생활비에 보탤 수 있었다. 감사한 일이었다. 아무튼, 던져놓고 까먹는 수법이 통한 사례라고 볼 수 있겠다.

마지막으로, 거절을 당했다면 벗어나려고 애쓰지 않고 아닌 척 노력하지 않고 그냥 그 사실을 받아들인다. 캔맥주 하나를 사 들고 와 까먹으며 잠을 청하거나, 이슬톡톡을 까며 인생은 쓰지만 술은 달다고 생각한다. 그러다 보면 어느덧 쓴맛은 달아나버리지 않고 단맛에 감겨 단짠단짠이 아닌 쓴단쓴단이 된다. 이 또한 있는 그대로를 받아들이고 나를 바꾸려 하지 않고 거절의 아픔이 거기 있구나, 하고 알아차리는 방법이 주효한 케이스라고 할 수 있을 거다.

난 태초에 쿨함과는 거리가 멀게 태어났다. 작은 감정에도 매달리고 작은 일에도 휘청거린다. 그런 내가 아직까지 프리랜서로 밥벌이를 해야 하는 어른으로서 사회에서 살아남은 건 멘탈을 강화하는 전략을 구사해서가 아니라 그런 멘탈이라는 걸 받아들였기 때문이라고 생각한다. 사람은 쉬이 바뀌지 않는다. 30년을 넘게 노력해봐서 안다. 잘 안 된다. 그러니 거절이라는 건 먹고살기 위해서 당연히 맞닥뜨려야 할, 반갑지 않지만 그리 나쁘거나 못되지 않은 손님이라고 생각하면 어떨까? 어쨌든 길게 본다면 내 안의 평화, 그야말로 이너피스가 필요하다.

악플보다 내 멘탈을 뿌리부터 흔들어놓는 건
바로 '거절'이다.
나는 작은 감정에도 매달리고
작은 일에도 휘청거린다.
그런 내가 아직까지 프리랜서로 살아남은 건
나의 그런 멘탈을 받아들였기 때문이다.

만수르보다
내가 더
부자

♥

몇 달 전, 아빠가 수술을 받으셨다. 처음에는 믿지 않았다. 우리 아빠로 말할 것 같으면 작은 상처나 통증에도 아주 민감하게 반응하시고 표현이 풍부하고 적극적인 분이시라 웬만하면 큰일이 아니다. (돌려 말하기는 했지만, 엄살이 좀 심하십니다) 오죽하면 한번은 목을 삐끗해 동네 정형외과에 갔더니 의사 선생님이 난데없이 아빠의 근황을 물어보시는 게 아닌가.

"아버지는 요새 좀 괜찮으세요? 자주 오시는데."

"아…. 저희 아버지요…. 아, 네……."

민망함에 목소리가 기어들어 갔으니 눈치는 못 채셨던 것 같다. 그런데 갑자기 아무런 이상 증상도 없이 아버지의 어필도 없이 갑작스러운 수술이라니 당황스러울 뿐이었다. 실은 이랬다.

여행을 다녀오고 난 후 아빠는 갑자기 눈 한쪽이 잘 안 보이길래 작년에 수술한 백내장 때문이겠거니 하고 안약을 넣으며 버티다가 동네 안과에 가셨는데 정밀검사를 권했다고 한다. 단순한 병이 아니라 '망막 천공'이 의심된다고 했다. 대학병원에 가서 한 차례 더 종합검사를 받은 결과 그 소견이 맞았음이 밝혀졌다. 수술 앞뒤로 3박 4일 입원을 권유받았고 그 자리에서 스케줄을 조정한 뒤 날을 잡았다. 내가 이 과정을 이리도 소상히 알고 있는 건 바로 그 자리에 동행했기 때문이다. 환갑이 훌쩍 넘으신 아빠 뒤로 엄마와 내가 따라붙었다. 이름이 호명될 때마다 셋이 움직이니 모두 우릴 쳐다봤다. 나중에 안 사실인데 아빠와 똑같은 증상으로 수술을 받은 비슷한 연배의 아저씨는 입원 수속도 혼자 밟으셨다고 한다.

다행히 수술 경과는 좋았다. 채워 넣은 가스가 자리를 잡을 때까지는 불편하겠지만 큰 이상은 없었다. 한 달에 한 번 정도만 내원하며 경과를 지켜보기로 했다. 별 것 아니라고 생각할 수 있겠지만 이제 정말 아버지가 나이가 드셨구나 하는 생각에 내내 마음이 편치 않았다. 그럼에도 불구하고 나는 참 다행이라고 생각했다.

직장에 다니고 있었다면 평일에 갑작스레 시간을 내서 부모님과 함께 병원에 가지 못했을 거다. 연차와 월차가 여름휴가와 겨울휴가에 포함되어 계산되는 탓에 절대 평일에는 빠질 수 없었던 전 회사를 떠올려보면 더욱 그랬다. 나는 이제 매여 있는 몸이 아니었다. 부와 명예 둘 다 없지만, 시간만은 풍요롭고 여유로운 프리랜서니까.

내가 누군가는 용병이라 말하는 프리랜서로서의 삶에 만족하며 사는 이유는 바로 여기에 있다. 비교적 시간의 여유가 있다는 것. 물론 직장인보다 더 눈코 뜰 새 없이 바쁜 프리랜서들도 많다. 하지만 그것도 다 내 선택이다. 당장 눈앞의 돈을 포기하면 시간적 여유를 가지는 게 가능하다. 그리고 나는 그렇게 살고 있다.

프리랜서는 단점이 엄청 많다. 무수히 많다. 정말 굉장히 끝내주게 많다. 하지만 모든 일이 그렇듯 만족은 장단점의 개수에 달려 있지 않다. 단 하나의 장점이 무수히 많은 단점을 커버하기도 하니까. 누가 보면 결혼도 해서 독립도 한 자식이 가족과의 시간 그것도 나이 드신 부모님과의 시간을 중요하게 여긴다고 하면 이상하다고 생각할지도 모르겠다. (솔직히 가끔은 엄마 껌딱지, 엄마 똥파리 소리도 듣습니다) 하지만 나는 수억을 줘도 못 바꾼다. 하루라도 한 시간이라도 일분일초라도 더 소중한 사람과 시간을 보내고 싶다. 그게 더더욱 인생의 평행선을 함께 달리지 못할 나이 드신 부모님과라면 말이다.

처음부터 이런 생각을 한 건 아니었다. 20대에는 세상에 어찌나 재미있는 것들이 많던지 부모님은 뒷전이었다. 하지만 두 번의 큰일을 겪으며 생각이 많이 바뀌었다.

2008년, 나는 밴쿠버에서 공부하고 있었다. 이미 중국에서 1년가량 살았으면서도 욕심을 버리지 못해 다시 한번 없는 돈을 탈탈 털어 갔더랬다. 좋은 사람들도 만났고 다행히 성향이나 문화적으로 맞는 부분이 많았다. 그럼에도 불구하고 2년째 혼자 말하고 혼자 밥을 먹고 혼자 잠을 청하는 생활에 지쳐갔고 어느덧 슬럼프는 나를 지겹게도 따라다니는 그림자가 되어버렸다. 그쯤이었을까? 남들 앞에서는 명랑했지만 혼자 있을 때는 굴속으로 파고 들어가듯 우울한 모습을 하고 있었다. 나는 울기도 많이 울었다.

어느 날, 한국에서 소포가 하나 도착했다. 아빠가 보낸 것이었다. 외국에서 추석을 홀로 보내야 할 딸 생각에 깜짝 이벤트를 준비했다고. 말은 안 했지만, 한과로 가득 찬 상자를 부여잡은 채로 많이 울었다. 나를 잊지 않는 건 가족뿐이구나 하는 생각에서였다.

그리고 2010년 할머니가 돌아가셨다. 태어날 때부터 함께 살았기에 그 빈자리는 너무도 컸다. 무엇보다 당시 나는 취준생의 신분이라 하루하루가 시험의 연속이었고 하루하루가 울음바다였다. 서류에 붙어도 울고 면접을 보고 오면서도 울고 떨어져도 울고 아무튼 세어보지 않아도 된다. 2010년 중 단 하루도 울지 않은 날이 없다. 어쩔 수 없이 그러한 사정 때문에 할머니의 마지막 석 달을 함께 보내지 못했다.

그러던 어느 날, 부음을 들었다. 하늘의 장난인지 온 가족이 장례식장으로 출발하는데 나는 함께 하지 못했다. 다음 날 면접이 있었기 때문이다. 맘에 들지 않지만, 목구멍이 포도청이었던 나는 급한 마음에 여기저기 이력서를 냈고 그중 한 곳에서 연락이 왔는데 마침 그 날이었던 거다. 면접에 가고 싶지 않았다. 할머니와의 마지막 길이 더 중요하다고 생각했다.

하지만 나는 검은 상복 대신에 검은 양복을 입고 진눈깨비처럼 내리는 봄날의 눈을 맞으며 이름도 기억나지 않는 면접장 근처 버스터미널에서 진천행 버스를 타고 내려가야 했다. 나는 부정하고 싶었다. 할머니를 이제 볼 수 없다는 걸 믿을 수 없었다. 무한할 줄 알았던 삶은 끝이 있었다. 그리고 그 마지막은 노년의 할머니에게는 생각보다 빨리 찾아왔다. 그 후로 내 생각은 아주 크게 달라졌다. 앞으로 무슨 일을 하든지

간에 돈과 명예가 가족보다 우선이 될 수는 없다고 생각하고 또 다짐했다.

나는 되도록이면 바깥일을 연속해서 잡지 않는다. 집에 아기보다 더 손이 많이 가는 반려견이 있기 때문이다. 장난삼아, 말을 하지 못하니 0.5인이라고 소개하지만, 실은 집 전체의 존재감을 집어삼킬 만큼 대단한 녀석이다. 가끔 장난으로 그런 말도 한다.

"이제 세상에 내 존재는 없어. 나는 개엄마로 사는 거지. 동구한테 묻어가고 업혀가는 거야."

그렇다고 세심하고 살뜰한 보호자는 아니다. 무심한 개엄마에 가까운 편이라 미용도 집에서 해주고 장난감도 잘 안 사주고 옷도 몇 벌 없다. 하지만 가급적 많은 시간을 함께 보내려고 한다. 사람보다 더 짧은 시간을 살다 가니까. 인간은 100세 시대라는데 아직도 개의 수명은 20년을 넘기지 못한다. 열 살만 돼도 노견으로 분류된다. 그러니 하루하루가 소중할 수밖에 없다.

하루를 나가서 일하면 그다음 날은 집에서 함께 놀아주며 일하려 한다. 그게 안 되면 통으로 시간을 다 빼서 며칠을 연달아 시간을 보내기도 한다. 가끔은 반려견이 더 질려 하는 것 같기도 하다. 어떤 날은 72시간을 꼬박 붙어 있으니까.

  프리랜서가 된 뒤로는 알람을 맞추지 않는다. 학교 다닐 때
도 직장 다닐 때도 늘 그게 불만이자 의문이었다. 듣고 싶지
않은 소리를 들으며 억지로 일어나야 하는 게 인간의 삶이냐
고 철학적인 질문을 던진 적도 있었다. 물론 그때마다 일하기
싫어 또 꼼수를 쓴다고 핍박을 받긴 했지만 말이다. 그만큼 나
는 자고 싶은 만큼 자고 일어나고 싶을 때 일어나는 시간적 자
유를 원했다.
  내가 원할 때 가장 능률이 오를 때 일하는 것 또한 그 연장
선에 있었다. 그래서 나는 1분 1초를 쪼개며 치열하게 사는 삶
대신에 넘쳐나는 시간적 여유를 만끽하는 삶을 선택했다. 물
론 그 때문에 게을러질 수도 있는 건 사실이다. 특히나 하루도
나갈 필요 없이 집에서만 일하는 시기에는 더 그렇다. 그럼에
도 불구하고 나는 그게 불만이기보다는 감사하게 느껴질 때
가 더 많다. 채근당하지 않고 오로지 내 맘대로 디자인하듯 살
아가는 것 같아서 말이다.

  우리 집에는 일명 골골이가 두 명 있다. 하나는 우리 엄마고
다른 하나는 당연히 나다. 둘은 배터리가 대여섯 시간밖에 가

지 못한다는 치명적인 단점을 가지고 있다. 그러니 아파도 절대 결근하지 않고 매일 출근해 아홉 시간을 넘도록 일한다는 게 부담이었다. 여기에도 의문을 가지고 있었다. 행복하기 위해서 일한다면서 인간은 왜 아픈데도 불행하게 일을 해야 하나 하는 말 같지도 않은 소리에 가까운데 이 질문을 하고 나서 돌아오는 반응은 이랬다.

"너 일하기 싫구나?"

그런데 프리랜서로 일을 하고 나니 매일 출근할 필요가 없으니 아프면 다음 날 컨디션이 회복될 때까지 약 먹고 푹 자면 된다. 자질구레한 집안일은 조금 늦춰도 상관이 없다. 반려견과의 산책만큼은 빼먹지 않으려 하지만 이 또한 조금 늦은 시간에 나서도 괜찮다. 덕분에 병원 가는 일이 줄었다. 정말 1년에 한두 번 가야 많이 가는 거다. 직장인이던 시절에는 링거를 달고 살았고 출근 전 몇 군데의 병원을 투어하듯 들러야 했던 적도 부지기수였다. 그래서 좋다. 시간이 넉넉하니 내 몸을 보채지 않아도 된다. 덜 나았는데도 일터로 나를 억지로 내몰지 않아도 된다. 기적과도 같은 일이다.

정확히는 물리적인 시간이 남아돈다는 건 아니다. 나 스스로 일의 양을 조절할 수 있으니 시간적 여유를 만들 환경이 된다는 거다. 또한, 모든 프리랜서가 나처럼 일하는 것은 아니다. 그리고 이에 큰 가치를 두지 않고 사는 사람도 많다. 하지만 내가 원하는 대로 시간을 쓸 수 있고 조절하다 보면 마치 부자가 된 것 같다. 돈이 아닌 시간 부자가. 그래서 때로는 만수르보다 내가 더 부자가 아닌가 싶을 때가 있다. 역시 돈이 아닌 시간 부자 말이다.

손 리 에 게
빚 진
건 강

♥

어디서부터 어디까지 설명해야 할지 막막합니다. 이 빈 종이가 마치 우주처럼 느껴지는 순간이거든요 (어디서 본 문장 같기도 합니다) 사실 골골대며 살아온 인생인지라 이를 압축해서 몇 문장으로 풀어낸다는 게 영 마뜩잖지만, 최선을 다해 정리해보겠습니다.

허울뿐이지만 이름뿐이지만 10대 시절의 나는 특별활동으로 겁도 없이 '역도부' '등산부' '스케이트부' 그리고 '검도부' 까지 줄기차게 몸을 쓰는 동아리만을 선택했다. 덕분에 산도 매달 탔고 스케이트 날로 빙상장을 맘껏 누볐으며 죽도를 잡아 휘둘러보기도 했다. 게다가 감히 댄스가수가 되겠다는 맹랑한 꿈을 가지고 춤도 추었으니 그때의 나에게 지금의 내 모습을 보여주면 아마 깜짝 놀라 기절할지도 모르겠다. 부디 살 의지를 잃지 않기만을 바랄 뿐이다. 아무튼, 체력은 타고났고 남아도는 것으로 생각했다.

하지만 20대가 되자 가세가 기울듯이 내 운명도 급격한 하락세를 타게 되었다. 젊어서는 고생도 사서 한다는 말에 속아 건강한 몸을 밑천 삼아 열악한 상황 속에서 버틴 결과 완전히 건강을 잃게 되었다. 얼마나 상태가 심했냐 하면 헬스장에 가서 러닝머신을 30분만 뛰면 앞이 새까맣게 변해 주지않고 계단을 오르다가 다리가 너무 후들거려 집으로 돌아간 적도 한두 번이 아니었다. 게다가 저혈당 증세가 자주 와 사탕을 가방 주머니에 반드시 지참하고 다녀야 했으며 링거는 밥 먹듯이 맞았고 하루에 서로 다른 병원 세 군데를 투어하듯이 돌기도 했다.

답은 운동이었지만 저질체력에 저주받은 몸뚱이로는 일반 헬스장에 다닐 수가 없었다. 결국, 나는 비교적 약한 강도로 내 페이스에 맞춰 운동할 수 있는 여성전용 헬스장을 다니기 시작했고 그마저도 다녀온 뒤 허리에 멘소래담을 잔뜩 바르고 며칠을 끙끙대야만 했다. 그러니 워라밸이라는 게 지켜질 리가 없었다. 아침에 운동하고 출근을 한 뒤 퇴근 후에는 시체처럼 누워 있고 주말이 되면 텔레비전을 틀어놓은 채 숨만 쉬었다. 혈기왕성한 청춘은 그렇게 방 안에서 황금 같은 날들을 보내야 했다.

다행히 효과는 있었다. 드라마틱한 변화까지는 아니었지만. 퇴근 후 동료와 함께 가볍게 생맥주 한 잔은 마실 수 있게 되었다. 주말에도 토요일이나 일요일 하루 정도는 친구들을 만날 수 있었다. 그러다 용기를 내어 동호회에 가입했고 반려자를 만나 결혼까지 하는 예상치 못한 일이 벌어졌다.

거기까지만 해도 큰 변화인데 여기에 30대에 들어서 다시 한번 내 인생이 바뀌는 일이 벌어졌다. 느닷없이 전직을 하게 된 거다. 회사를 떠나 혼자 일하는 삶을 살게 되었다. 모든 걸 나 혼자 생각하고 결정하고 실행해야 하는 자기 관리가 절대적으로 필요한 이 직업. 내가 아프면 누군가 내 일을 대신해줄 사람이 없다. 오로지 내가 책임져야 한다. 한 번의 실수가 밥벌이가 끊기는 아픈 결과를 낳을 수도 있다는 생각에 압박감도 있었다. 그나마 직장인이던 시절 특수고용형태에 가까운 탓에 연차와 월차를 쓸 수 없었고 결근을 하면 따가운 시선을 받는 통에 아무리 아파도 기어서라도 출근을 해야 했던 게 연습이자 도움이 되었다. 5년을 일하면서 결근을 한 날은 단 하루였다. 그것도 그 전날 쓰러져 병원에 갔기 때문이었다.

그런 내가 아무리 스케줄을 자유롭게 조율할 수 있어 강철체
력이 크게 필요 없다고 여겨지는 (이는 후에 거짓으로 드러납
니다) 글 쓰는 일을 업으로 삼게 되었다 해도 자기 관리는 여전
히 절실히 필요했다. 하지만 문제는 언제 어디로 취재를 갈지
몰라 또는 언제 어디로 강의를 가게 될지 몰라 같은 시간에 꾸
준히 참석해야 하는 운동은 할 수 없다는 점이었다.

요가, 주짓수, 복싱, 태권도, 헬스

제일 먼저 머릿속에 올린 후보군 중에서 아무 때나 나가도
되는 수업은 없어 넷은 탈락. 남은 건 결국 헬스뿐이었다. 하
지만, 이제는 지리적 문제가 발목을 잡았다.

우리 동네는 꽤 살기 좋다. 번화가와 어느 정도 떨어져 있으
며 연세가 지긋하신 어르신들이 주로 거주하시다 보니 무척
조용하다. 아파트 밀집 지역도 아니라서 붐비는 일은 좀처럼
없다. 하지만 그 때문에 죽지만 말라고 모든 편의시설이 딱 하
나씩 있다.

한의원도 하나
약국도 하나

동네 마트도 하나
헬스장도 하나
은행도 하나

모든 게 딱 하나씩만 갖춰져 있다. 선택권이라는 게 있을 리
없다. 맘에 들지 않아도 울며 겨자 먹기로 다니거나 아니면 포
기하거나. 게다가 경쟁이라는 게 존재하지 않는 독과점에 가
까운 형태라 무엇이든 비싸다. 특히 채소와 과일이 그렇다. 아
무튼, 내가 다닐 수 있는 곳은 동네에 딱 하나 존재하는 헬스
장뿐인데 건물 밖에서 보이는 창가의 러닝머신은 매번 텅 비
어 있었다. 한 번 방문상담을 받아보았는데 생각보다 가격도
비싸고 친절하지도 않고 그다지 깨끗해 보이지도 않았다. 돈
만 날리는 꼴이 될 것 같아 결국 마음을 접었다.
    '그래도 진짜 뭔가 하긴 해야 하는데……'
    그렇게 고민만 하고 시간만 흘려보내고 있을 때 퍼뜩 생각
난 게 하나 있었다. 바로 홈쇼핑 광고에서 줄기차게 홍보를 하
던 한 유명 트레이너의 실내 자전거, 우리 아빠가 집에서 맨날
타시던 실내 자전거였다. 그 이름도 강력한 '숀리의 엑스바이
크.' 유산소 운동을 하기 위해 주로 사용하지만, 단을 높이면
무산소 운동 효과도 볼 수 있다고 했다. 무엇보다 층간소음을

거의 유발하지 않는다는 점과 공간을 크게 차지하지 않는다는 점이 마음에 들었다. 그리고 운명처럼 그는 내게로 왔다. 엄마가 생일선물로 사주신 거였다.

"하나야, 너 이번 생일에는 뭐 갖고 싶니?"

"나 필요한 거 없는데?"

"그래도 말해봐. 엄마가 하나 사줄게."

"있다! 나 엑스바이크 사줘."

프리랜서의 건강 챙기기 프로젝트는 그렇게 시작되었다. 남들은 보름만 지나면 빨래 건조기로 사용한다는데 나는 그렇지 않았다. 정말 마르고 닳도록 올라타고 페달을 밟았다. 내가 하는 유일한 운동이자 양심의 가책에서 벗어나기 위한 유일한 건강투자였다.

매일 밤, 글을 쓴다. 대체로 밤 11시 30분에서 1시 사이다. 그러고 나면 이제 베란다로 나가 손리의 엑스바이크의 단계를 3에 맞추고 양팔로 자전거 뒤를 감싸 안는 자세로 페달을 밟는다. 쉬지 않는다. 오로지 운동에만 집중한다. 날이 따뜻할 때는 새시를 열어놓고 바깥 풍경을 감상하며 페달을 밟는다. 날이 추울 때는 팟캐스트를 틀어놓고 페달을 밟는다. 그렇게 25분을 미친 듯이 달리고 내려와 찬바람을 쐬며 땀을 말린다. 생수를 한 잔 따라 마시고 샤워를 하고 옷을 갈아입고 잠자리에 든다. 타 지역으로 강의를 가거나 여행을 가지만 않으면 매일 이렇게 하루를 마무리하고 시작한다. 거의 어기지 않는다. 이거 말고는 정말 하는 게 없다. 그러니 어길 수 없는 약속이자 최소한의 발버둥인 셈이다. 어쩌면 유일한 생명끈일지도 모른다.

인바디를 체크하면서 타는 것도 아니라서 수치로 증명할 순 없지만 바이크를 탄 날과 타지 않는 날에는 큰 차이가 있다. 일단 아침에 일어나 화장실 거울로 상의를 살짝 들추고 뱃살을 확인해보면 된다. 일이 몰려 며칠 건너뛰게 되거나 여행을 다녀올 때면 확인하지 않아도 안다. 원피스를 입으면 옷이 비명을 지르니까. 그렇다면 근력 자체는 어떤가? 나는 걷기를 정말 싫어하는 요즘 트렌드에 역행하는 사람이다. 그래서 전철을 타기 전에는 항상 빈자리가 어디에 있는지 스캔을 한 뒤 문이 열리자마자 직진한다. 그게 안 된다면 일단은 서서 가다가 하차할 기미가 있는 사람들을 귀신같이 찾아내 잽싸게 앉는다. 그런데 바이크를 열심히 탄 다음 날이면 다리에 힘이 딱 들어가면서 서 있는 게 부담스럽지 않다. 버스를 탈 때마다 정류장 벤치에 일단 앉기 급급했던 내가 여유를 부리며 서서 올 때까지 기다린다. 지하철도 그렇다. 가까운 거리라면 굳이 앉기 위해 눈치를 보거나 신경을 바짝 세우지 않는다. 여유롭게 기대어 서 있다가 내린다. 거기에 조금 더 힘이 붙었다 싶은 날에는 에스컬레이터를 타지 않고 계단으로 걸어 올라가기도 한다. 나에게는 이 정도면 3G에서 LTE로 무궁화호가 KTX가 되는 놀라운 발전과도 같다. 약 10만 원대 초반의 돈을 주고 산 운동기구는 이렇게 4년째 내 곁을 지키고 있다.

프리랜서의 건강 지키기 프로젝트.
내 건강은 '숀리의 엑스바이크' 덕분.
유산소 운동을 하기 위해 주로 사용하지만,
단을 높이면 무산소 운동 효과도 볼 수 있다.
가능하면 매일 하려고 한다.
프리랜서의 건강은
스스로 지켜야 하므로.

❖
채지원
❖

바른자세운동지도사
현) SNPE 바른자세운동 1급 인증강사
전) 상급종합병원 간호사
SNS 인스타그램 @snpe_one

❖❖ 그녀가 좋았다. 가까워지고 싶었다. 하지만 우리는 딱 한
번 만난 사이일 뿐이었다. 연락처도 모르고 접점도 없었다. 그
래서 무작정 주위를 서성였다. 눈치를 채고 나를 이상하다고
생각할까 봐 겁이 났다. 여기까지 읽고 오해할 수도 있겠다.
다른 의미에서가 아니다. 꽤 오랫동안 깊은 이야기를 나눌 수
있고 사회에 선한 영향을 끼칠 수 있는 일을 함께할 수 있는
지인이 필요했다. 하지만 그건 쉬운 일이 아니었다. 세상 물정
에 이미 찌들어버린 어른인지라 아무런 계산 없이 사람을 만
나는 일이란 어려운 것이었다. 그런데 그런 사람을 동호회에
서 우연히 발견했다. 주말에는 꽃봉사를 다니고 크리스마스
에는 산타가 되어 아이들을 찾아가고 옷장을 정리해 생긴 수

익으로는 기부했단다. 결국, 나는 용기를 내 연락처를 받았다. 그녀는 간호학을 전공하고 종합병원 간호사로 근무를 했지만, 퇴사하고 다른 일을 하기 위해 준비 중이라고 했다. 덕분에 여유가 생겨 함께할 기회가 많아졌다. 같이 춤을 배우고 유튜브 강의를 듣고 파주로 완주로 또 평창으로 여행을 떠나기도 했다. 그렇게 4년이 넘는 시간이 흘렀다. 그사이에 변화가 생겼다. 그녀는 어느덧 바른자세운동지도사 자격증을 따고 아이들과 어르신을 가르치는 사람이 된 거다. 나처럼 프리랜서가 되었다. 그 사실이 반가웠지만, 걱정도 됐다. 어떤 고민을 통해 결국 혼자 일을 하는 삶을 선택하게 되었을까? 어떻게 학부 시절부터 오랜 시간을 투자한 전공을 버리게 되었을까? 과연 이 선택에 후회는 없을까? 이런 궁금증을 밥을 먹다가 난데없이 던질 수는 없었다. 카페에서 차를 마시면서 해도 어색하기 짝이 없는 질문일 게 뻔했다. 그래서 프리랜서로 일을 하는 사람들을 인터뷰하기로 한 기회를 살리기로 했다. 그리고 우리의 대화는 이렇게 기록으로 남았다. **

❖ 전직

직장생활을 하다 보면 개인이 추구하는 가치가 월급보다 우선하기는 어렵다. 아무래도 생활을 영위해야 하고 이직도 아닌 전직을 하게 되면 경력을 살릴 수 없어서 많은 이들이 두렵다고 말한다. 그리고 그 앞에서 망설이다가 원래의 자리로 돌아가기 마련이다. 그런데 정말 그녀는 그만두었다.

솔직히 말하면 간호사였다는 말을 들었을 때 제법 잘 어울린다고 생각했다. 온화하고 침착한 그녀의 성격을 고려해본다면 잘 맞을 것만 같았다. 그래서 더욱 궁금했다. 그 계기가 무엇이었을지가.

"사실 대학 때 전공과목을 꽤 재밌게 공부했어요. 학교생활도 나쁘지 않았고 만족하면서 다닌 편이었고요. 그런데 졸업을 하고 취직을 하고 나니 학문과 실제는 조금 차이가 있었어요. 일하며 추구하는 가치가 좀 달랐다고 해야 할까요? 간호사로 일을 하면서 아무래도 여러 환자분을 케어해야 하다 보니까 한 명 한 명에게 정성을 다 쏟기 어려웠죠. 그럴 수밖에 없는 환경이기도 하고요. 그 속에서 어느 정도 타협점을 찾아가는 게 맞기는 한데 저는 그게 어려웠어요. 그리고 아픈 분들이 점차 나아지는 과정을 행복한 마음으로 지켜보고 도와드리고 싶은데 입원을 하신 분들은 아무래도 증세가 가볍지 않으시고 또 퇴원하고 난 뒤에는 그런 달라진 모습을 보기가 어렵잖아요? 그래서 그런 딜레마로 고민을 많이 했어요. 처음에는 경력을 살리려고 했는데 그것도 성에 잘 차지 않더라고요. 그래서 결국 기존에 가지고 있던 관심사를 살려 고민을 하다가 바른자세운동지도사로 진로를 바꾸게 되었죠."

그 과정이 쉽지만은 않았을 것 같았다. 성격에 따라 차이가 있긴 하지만 나의 경우에는 전직하기까지 고민이 너무 많았고 이러다가 머리가 터지는 게 아닐까 싶었으니까.

"저는 원래 깊게 생각하고 행동하는 편은 아니라 (웃음) 처음에 지도사과정을 시작할 때는 크게 고민하진 않았어요. 다만 전직할 때는 '내가 잘할 수 있을까?' 하는 고민이 크긴 했었죠. SNS에서 우연히 체형교정에 도움이 되는 운동이 있다는 걸 알게 되었고, 어려서부터 잘못된 자세와 교통사고 후유증으로 여기저기 아파지면서 관심을 두고 시작하게 되었어요. 그런데 그때도 이 과정을 이수해서 자격증을 따서 반드시 일하겠다는 목표를 가진 건 아니었거든요. 그저 체계적으로 배워보자는 생각이었고 당시에 다른 쪽으로도 진로를 고민하고 있어서 뭔가가 정해진 건 아니었어요. 그런 새로운 배움을 오히려 반기고 즐겼던 쪽에 가까웠죠. 물론 성인이고 사회생활을 하니 밥벌이로부터 완전히 자유롭지는 못했지만, 그것 때문에 쫓기듯이 결정을 해야 하는 상황은 아니어서 큰 압박은 없었던 쪽에 가까웠어요."

나에 대해서는 그 누구보다 내가 잘 안다. 하지만 남도 아니고 나도 아닌 가족을 이해시키는 건 또 다른 문제다. 우리 부모님께서는 대놓고 반대는 안 하셨지만 그래도 회사에 다니길 바라는 눈치셨다. 그 때문일까? 말수도 적고 남에게 속내도 잘 털어놓지 않는 어머니가 내가 쓴 글을 바리바리 싸서 아랫집 동화작가 선생님께 상담을 청했을 정도였다. 이 정도면 프로로 살아갈 수 있느냐고. 글을 써서 먹고사는 게 정말 가능하냐고.

"저희 부모님께서는 반대하지 않으셨어요. 거꾸로 간호사로 일을 할 때 아무래도 전문직이지만 많이 힘들다는 걸 아셔서 오래 할 수 있을까 그렇게 생각하셨던 것 같아요. 그리고 자꾸만 직장을 옮기니까 (웃음) 이미 좀 체념을 하셨다고나 할까요? 겉으로 표현은 안 하셨지만 일이 적성에 맞지 않는다는 걸 알고는 계셨던 것 같아요. 그래서 프리랜서로 일을 하고 나서도 별말씀은 없으셨어요. 다만, 이런저런 잔소리는 좀 하시죠. (웃음)"

❖ 바른자세운동

사실 요가나 필라테스는 운동을 즐겨 하는 편이 아닌 나도 익히 들어 알고 있다. 하지만 그녀가 선택했다는 'SNPE' 이른바 '바른자세운동'에 대해 들었을 때는 생소하기만 했다.

"요즘에는 대부분 앉아서 컴퓨터로 사무를 보고 경직된 자세로 근무를 하시는 분들이 많잖아요. 그런 잘못된 자세 혹은 건강에 좋지 못한 자세로 일을 하게 되면 변형이 와요. 그래서 디스크나 거북목으로 고생을 많이 하시는데 자세를 바르게 만들어서 그런 증상을 완화하고 궁극적으로는 바른 체형과 건강을 유지할 수 있게 해드리는 게 목적이라고 할 수 있어요. 벨트를 묶고 정렬을 바르게 한 상태에서 척추 건강에 도움이 되는 동작을 하고, 척추 모양에 맞게 고안된 도구를 가지고 운동을 하기도 해요. 저는 앞에서 동작 시연을 하기도 하지만, 대개 돌아다니며 회원님의 자세를 봐드리는 편이에요. 자세 분석 앱을 활용해서 나아지는 모습을 기록해 전달해드리기도 하고요."

실은 그녀에게 바른자세운동 수업을 받은 적이 있다. 저질
체력이라고 앓는 소리를 몇 번 했더니 걱정이 되었는지 시간
을 내어 봐줬다. 그때 나는 그녀의 새로운 면을 봤다. 강사로
앞에 선 모습은 조용조용하던 평소와는 달랐다. 수업이 끝난
뒤 내 몸을 구석구석 진단해주는 그녀에게 간호사이어야만
이 일을 할 수 있냐고 묻기도 했다. 그저 신기하기만 했다.

"간호사로서의 경험이나 지식이 큰 도움이 될 거라고 생각
하시는 분들도 계시는데 꼭 그렇지만은 않아요. 몸에 대한 기
본적인 이해가 있으니까 수월한 부분은 있지만 좀 더 나은 강
사가 되기 위해서 부족한 부분을 채우기 위해 꾸준히 공부하
려고 해요. 수강생분들한테 운동만 시키고 수업만 진행하는
게 아니라 저 자신도 집에서 운동을 직접 해보면서 단련도 하
고 개선할 점이나 더 나은 방법을 위해 고민도 하고요. 배움에
는 끝이 없네요. (웃음)"

❖ 프리랜서

프리랜서로 일을 한다는 건 적을 두는 것과는 큰 차이가 있

다. 소속감이 없다는 건 고정급여가 없다는 건 때로는 어렵고 서글픈 일이다. 그녀는 이제 정말 혼자서 일을 하는 프리랜서가 되었다. 힘들진 않을까? 자신을 알리지 않으면 초반에 자리를 잡기 힘들 텐데 하는 걱정도 했다. 하지만 그녀는 우려와 달리 훨씬 자리를 잘 잡아가고 있는 것 같았다.

"우선 고정된 액수의 월급이 없다는 게 가장 큰 차이점이에요. 그런 점에서 보자면 프리랜서로 자리를 확실하게 잡기 전까지는 똑같은 소비패턴을 가져갈 수는 없어요. 거기에서 오는 괴리를 많이들 경험하실 것 같긴 해요. 이 일을 통해 많이 벌 수 있을 거라는 기대는 없었어요. (웃음) 일단 부모님과 함께 살고 있어서 큰돈 나갈 일이 없었고요. 대신 남는 시간에 제가 하고 싶었던 활동을 할 수 있으니까 그런 면에서는 좋았어요. 내가 추구하는 가치나 생활패턴에 따라 장단점이나 호불호가 많이 나뉠 수 있을 것 같아요. 직장인이었을 때가 아예 그립지 않다고 할 수는 없겠지만 직장생활을 너무 힘들게 해서 돌아가고 싶다거나 그런 정도는 아니에요. 그때는 진짜 너무 힘들고 부담감도 커서 악몽을 많이 꿨거든요. 보수도 좋은 편이고 공백기가 있어도 경력을 살릴 수 있다는 게 장점이지만 그런 점이 크게 다가오지 않을 정도로 힘들었어요. 대신 지금은 그때보다는 적은 액수를 벌지만, 과정 자체를 즐길 수 있어서 좋고요. 또 오히려 변수가 생겨서 일이 없어서 쉬게 되면 홀쩍 여행을 떠날 수도 있어 좋아요."

❖ 동료

동료나 선후배가 없이 혼자 일을 하는 형태라, 나를 성가시게 하거나 괴롭히는 이도 없지만, 지금의 고민을 나눌 수 있는 이도 없다. 그 때문에 나는 프리랜서로 일을 하게 된 후 항상 외로움에 시달렸다.

"다행히 저는 과정을 밟고 자격증을 땄고 학회에 소속되어 있어서 혼자 일을 하지만 혼자서만 일을 하는 건 아니에요. 인천지역 모임도 따로 있고, 강사 교육을 가면 거기서 또 함께 시간을 보내기도 하고요. 가끔은 마음 맞는 강사들끼리 여행을 다녀오기도 해요. 힘든 일이 있거나 어려운 점이 있으면 물어볼 동료나 선후배 같은 분들이 있다는 게 다른 프리랜서분들이랑 좀 다른 것 같아요. 대신에 회사처럼 위계질서가 아주 뚜렷하다거나 그런 건 또 아니라서 다행히 제 일은 둘 모두의 장점을 다 가지고 있는 것 같아요."

❖ 미래

그녀가 어렸을 때 장래희망의 빈칸을 채우면서 서른이 넘어 운동지도사가 될 거라고 과연 상상해본 적이 있을까? 실은 내가 글 쓰는 일을 할 거라는 건 꿈에도 몰랐다. 감히 상상치도 못한 일이었다.

"저도 그래요. (웃음) 한번도 이런 모습을 그려본 적이 없어요. 그런데 다들 어렸을 때 상상했던 모습으로 살지는 않는 것 같아요. 그런 분들도 있겠지만 제 주변에는 많지는 않아 보여요. 예상했던 대로 되지 않아서 괴롭기보다는 오히려 좀 신기한 쪽에 가까운 것 같아요. 원래 성격이 철저하게 계획을 세우고 그걸 위해서 막 달리기보다는 그때그때 주어진 일을 열심히 하면서 큰 가치나 그림을 좇는 쪽이거든요. 그런 점에서 본다면 예전의 직업이나 지금의 직업이나 크게 다르지는 않아요. 내가 가진 지식이나 기술로 아픈 사람을 돕고 나아지는 과정에서 보람을 느끼는 거니까요."

** 그녀는 나와 많이 다른 사람이었다. 원래도 알고 있었지만, 인터뷰하고 난 뒤 그 생각이 더욱 공고해졌다. 아마 누군가 내게 같은 질문을 던졌다면 아주 다른 대답이 나왔을 거다. 혼자 일해서 불안하지 않냐고? (그렇습니다. 불안합니다) 고정적인 월급이 사라져서 두렵지는 않냐고? (그럴 때가 잦습니다) 앞으로 이루고 싶은 꿈이나 계획이 따로 있냐고? (글로 세상을 한 번 크게 놀라게 해주고 싶습니다. 대신 그 때문에 그 욕심 때문에 지금 많이 힘듭니다)

그래서일까? 물 흐르듯 자연스럽게 또 유연하게 사는 그녀의 삶이 그녀의 태도가 매우 부러웠다. 나와 너무 달라 그리될 수 없다는 걸 알면서도 따라 하고 싶고 닮고 싶었다. 하지만 대답은 이미 나와 있는걸. 나는 나대로의 프리랜서 길을 걸으면 된다. 그래도 배웠다. 그녀처럼 좀 더 지금을 즐기고 좀 더 경쾌하게 걸을 필요가 있다는 것을. **

※ 인터뷰를 마치고 난 뒤 '코로나 19'가 유행을 하기 시작했다. 간호사로 다시 일하지 않겠다던 그녀는, 간호사로 일하던 시절만 떠올리면 악몽을 꾼다는 그녀는, 가만히 있을 수만은 없다며 포항으로 의료지원활동을 떠났다. 무사히 아무 일 없

이 돌아와준다면 좋겠다. 그녀가 떠난 후로 나의 바람은 오직 그것뿐이다.

3

스프리랜서에게도 스승은 필요하다

언젠간 혼자 일하게 된다

프리랜서에게도
스승은
필요하다

♥

세상에서 제일 슬픈 영화는? 〈캐스트 어웨이〉
세상에서 제일 슬픈 소설은? 《로빈슨 크루소》
이 대답으로 충분히 예상할 수 있을 거다. 내가 어떤 사람
이라는 걸. 혼자 일을 한다는 것은 그 힘들고 구질구질하다는
'인간관계 스트레스'와 '직장 내 줄 서기'에서 벗어날 수 있다는
장점이 있지만, 그와 함께 '무엇이든 혼자 해야 하는 외로움'과
'주위에 아무도 없이 고립된 듯한 고독함'이라는 단점이 마치
세트처럼 따라온다. 아니면 1+1처럼.
처음에는 장점만 살살 골라 먹으며 이 맛에 프리랜서로 일
을 하는 거지, 이 맛에 혼자 일을 하는 거지, 라고 생각했다.
하지만 5년 차가 되니 달라졌다. 정말 주위를 둘러보니 나 혼
자였다. 프리랜서로 전향한 첫해, 한 모임에 정기적으로 얼굴

을 비춘 적이 있다. 그때는 이제야말로 하고 싶은 일을 하며 살 수 있다는 생각에 들떠 그저 나를 알려야겠다는 일념으로 자리에 간 것인데 시간이 흐를수록 그렇게 인연을 맺게 된 사람들이 하나둘씩 회사로 돌아가는 걸 발견했다.

"잘 있어. 나는 간다."

그런 인사를 몇 번이 아니라 수십 번 아니 수백 번은 받아 드는 것 같은 기분에 휩싸이자 수풀에 가려져 몰랐지만 실은 전쟁터였던 곳에 혼자 덩그러니 남겨지는 것 같았다. "어디로 가야 하죠, 아저씨?" 라는 가사가 마음에 와닿기 시작했다. 통계를 내 본 적은 없으나 자영업 혹은 1인 기업 혹은 프리 선언 후 얼굴을 알리며 의욕적으로 다니는 건 1년 차, 어느 정도 쓴 맛 짠맛 매운맛 몹시 매운맛을 보며 계속 이 일을 할지 말지를 재보는 게 2년 차, 그러는 와중에 자리를 어느 정도 잡고 이 길을 갈 것이라는 게 명확해지는 게 3년 차쯤이다 보니 3년을 기점으로 익숙한 얼굴들이 보이지를 않는다.

그리고 나는 현재 5년 차. 살아남았다는 것에 안도하기보다는 앞으로를 점쳐볼 때. 정말 신기하게도 매년 새로운 일들이 벌어지고 새로운 변수들이 나타나며 새로운 사람들이 등장한다. 그러다 보니 앞으로 1년 뒤 3년 뒤 5년 뒤 그리고 20년 뒤를 자꾸만 혼자서 그려보게 되는 거다. 하지만 아무리 우주의 기운을 받아 들여다보려 해도 그건 그저 하얀 도화지일 뿐. (만약 갓 데뷔한 신인이라면 그것마저 잠재력으로 평가받으며 원픽을 얻을 수 있겠으나 나는 이제 신인이 아니다) 그래서 이럴 때일수록 사람이 간절해지는 거다. 그것도 나보다 이 일을 먼저 시작한 이 길을 먼저 걸어간 사람이.

나는 원래 글을 쓰던 사람이 아니다. 관련 전공도 아니고 주변에 그런 사람도 없다. 기자에서 이제 포지션이 작가로 훨씬 더 넘어온 상황에서 조언을 구할 이도 고민거리를 나눌 이도 없다. 거의 없는 게 아니라 아예 없어서 어떨 때는 꺼이꺼이 울고 싶을 정도다.

"세 권의 단행본을 내고 이제 네 번째 책 출간을 기다리고 있는데요. 이다음도 기약할 수 있을까요?"

"아직 써놓은 글이 많은데 이걸 이제 어디에 보여주면 좋을까요? 1년에 너무 많은 종수가 출간되면 제 살 깎아 먹기 아닐까요?"

"요새는 소설도 쓰고 있는데 이미 자리를 좀 잡은 에세이와 병행하는 게 정말 옳은 선택일까요? 제 글은 픽션으로서는 어떤가요?"

"5년 차면 정말 이제는 브랜딩을 제대로 해서 저만의 공간과 시스템을 구축해야 하는 건가요?"

"강의와 집필의 비율은 어느 정도로 잡아가야 하나요?"

줄이고 줄인 내 마음속 질문과 고민이 이 정도다. 아직 내게는 풀어놓지 않은 9999개의 퀘스천 마크가 더 있다. 그걸 이고 살려니 너무나 힘이 든다. 마치 가채를 얹어놓고 24시간을 생활하는 기분이다. 그렇다고 이 일을 전혀 모르거나 이 길을 걸어보지 않은 사람을 앉혀놓고 할 수 있는 이야기는 아니지 않은가? 5년 차라 이제 떼는 한 걸음 한 걸음으로 승패를 결정짓는 것 같고 마치 다음 행보로 이어지는 성적표인 것만 같아 아슬아슬하고 불안한 나는 과연 누구에게서 이 답을 얻을 것인가?

그러던 찰나에 운명처럼 몇몇 작가님들이 눈에 들어왔다. 허락도 없이 나는 그분들을 스승이라 부른다. 물론, 어디 가서 말을 하고 다닌다는 게 아니다. 내 마음속으로 그렇게 삼고 있을 뿐이다. 정작 당사자는 모를 수도 있다. 광활한 우주를 유영하는 듯한 산드라 블록의 심정이 될 때마다 검색해본 것이 도움이 된 거다.

작가, 전업, 장르소설, 에세이, 작품 활동 등을 박스에 쳐서 넣고 뉴스를 읽어보기 시작했다. 그러다 보니 이 길을 나보다 먼저 용감하게 걷기 시작한 분들의 인터뷰가 내 레이다망에 포착되기 시작했다. 그리고 그분들이 썼다는 작품을 하나씩 읽어보다가 역주행하듯 초기작까지 사서 보고는 마음속에 그 이름을 하나씩 새겨 넣었다.

'기자로 일을 하다가 내 글이 쓰고 싶어서 그만두고 창작에만 매달리고 있어요.'
'바리스타로 일을 하다가 어느 날 글을 계속 써보라는 조언을 듣고 작품 활동을 이어나갔고 문학상을 타게 되었지요.'
'지하실에 요정이 있다는 이야기를 들을 정도로 열심히 작품 활동을 하고 있습니다.'
'제 개인적인 경험을 바탕으로 낸 작품이 공모전에서 당선되면서 계속 활동을 이어가고 있습니다.'

그분들의 시행착오를 때로는 듣고 읽으며 마음에 새겨놓았다.
→ 나도 피할 수는 없겠지만 헤쳐나갈 수 있겠지.
그분들의 작품 활동을 훑어보며 다음에 도전해볼 목표로 적어놓았다.
→ 내가 따라 할 수 있을지는 모르겠지만 시도는 해봐야겠지.

그렇게 내가 모신 마음속의 스승은 정확히 네 분이다. 존경하는 마음을 담아 혹시라도 뵐 기회가 있으면 먼발치에서 텔레파시를 보낸다.

'그동안의 행적이, 하신 말씀이, 큰 도움과 위로가 되었습니다. 부디 멈추지 마시고 앞으로도 계속 활동 이어가 주세요.'

그게 닿지 않는 것 같을 때는 그 스승들의 게시물에 '좋아요'를 누른다. 때로는 엄지척 때로는 하트를.

프리랜서에게도 스승은 필요하다. 잠깐 하고 말 일이 아니잖은가. 5년 후가 저랬으면 좋겠다는 생각이 들 때, 10년 후에는 저런 모습이 되어 있을까 싶을 때, 마치 바다에 뜬 부표처럼 등대처럼 손에 닿지 않아도 그저 존재하는 것만으로도 든든해지는 존재는 필요하다. 나는 그들을 감히 스승이라 불러본다.

시간이 흐를수록
사람들이 하나둘씩
회사로 돌아가는 걸 발견했다.
나는 현재 5년 차.
살아남았다는 것에 안도하기보다는
앞으로를 점쳐볼 때.

엉망이야
엉망

♥

유기농 식재료로 차려진 밥상

엄마가 차려준 푸근한 밥상

균형 잡힌 식단으로 차린 밥상

보기만 해도 푸짐해 군침 도는 밥상

같은 건 없다. 전업을 한 지 5년 차가 되었고 결혼을 한 지
이제 4년 차가 되어가지만, 여전히 나는 끼니를 챙겨 먹는 일
만큼은 서투르다. 아니 서투르다는 표현은 너무 점잖아 어울
리지 않는다. 엉망이다, 아주 엉망!

원래부터 식습관이 이렇지는 않았다. 태어나 외국에서 생활
한 2년을 제외하고는 항상 가족과 함께 지냈다. 그러다 보니
눈뜨고 고양이 세수만 하면 정갈한 밥상이 거실에 떡하니 차

려져 있었고 그걸 당연하게 여겼다.

"엄마, 나 배 안 고파. 안 먹을래."

가끔은 늦게 일어나 입이 텁텁할 때면 끼니를 거르려 손사래를 치기도 했다. 하지만 그럴 때마다 엄마는 끈질기게 나를 끌어내 어떻게든 한술 뜨게 만들었다. 그 방법도 통하지 않는다 싶으면 최후의 수단으로 아빠까지 동원되었다. 호통에 이은 이불 들추기 그리고 등짝 스매싱이면 벗어날 재간이 없었다. 결국, 그렇게 나는 밥상머리 한쪽에 자리를 잡고 앉아 밥숟갈을 뜰 수밖에 없었다. 그때는 그게 복인 줄 몰랐다.

취업한 뒤로는 늦은 출근시간 때문에 점심은 집에서 저녁은 회사에서 해결하는 일이 많아졌다. 그리고 항상 뭘 먹을지 고민하지 않아도 사무실 한 켠 혹은 식당에 메뉴가 차려져 있었다. 내가 할 일이라고는 식판을 들고 먹고 싶은 걸 적당히 퍼 담는 것이었다. 애기 입맛이지만 어쩐지 회사에서 밥을 먹을 때면 가리는 것 없이 모조리 담아 입에 넣고 봤다. 이름을 달아놓고 먹던 식당과 계약이 끝났을 때는 영수증을 갈음해주거나 식비를 대신 정산해주기도 했다. 이러니저러니 해도 먹을거리 걱정은 없었다.

그러니 전직을 하고 혼자 일하게 되면서 끼니를 걱정하게 될 줄은 전혀 꿈에도 상상조차 하지 못했다. 게다가 결혼을 했으니 점심 한 끼 정도만 혼자 먹으면 저녁은 남편과 함께 상을 차려 해결할 줄 알았다. 하지만 얼마 뒤 그건 나만의 공상이자 환상이자 희망사항일 뿐이라는 게 밝혀졌다. 신랑이 몸을 담은 업계 특성상 직장에서 아침, 점심 그리고 저녁까지 세 끼 모두를 해결하고 집으로 돌아오는 일이 다반사였다. (실은 거의 매일입니다) 이제 나는 꼼짝없이 혼밥을 해야 했다.

만약 요리를 좋아하고 혼자 밥을 먹는 것에 익숙한 사람이라면 혼자 일을 한다고 해서 식사를 거르는 일이 생길 리 없다. 하지만 나는 그 둘 중 어디에도 속하지 않는 사람이다. 요리를 좋아하지 않는다. 혼자 밥 먹는 것에 익숙하지 못하다. 처음에는 그래도 이제 모든 걸 스스로 해결해야 한다는 생각으로 인터넷으로 레시피를 찾아 직접 요리를 하며 스스로 점심과 저녁 두 끼를 모두 차려 먹었다. 솔직히 하루 식비를 만 원으로 정해놓은 터라 그렇게 하면 돈을 좀 아낄 수도 있겠다는 속셈도 있긴 했다. 하지만 이건 웬걸, 몇 번 거하게 상을 차린 뒤 나는 두 손 두 발을 다 들었다.

- 생각했던 것보다 많이 나오는 음식물 쓰레기
- 혼자서 차려 먹는 것 치고는 양이 많은 반찬과 국
- 예상했던 것보다 비싼 식재료

내가 사는 동네는 아무래도 나이가 지긋하신 어르신들뿐이라 혼밥족이나 1인 가구를 위해 식자재를 소량으로 판매하는 일이 없다. 슈퍼에 가면 감자 한 알 고구마 두어 알이면 족한데 그런 식으로 적게 팔지 않는다고 해서 몇천 원어치를 사 와서 몇 끼 꾸역꾸역 해서 먹고 치우고 나면 썩어 문드러지거나 싹이 펴버리기 일쑤였다. 그러다 보니 초반의 기세가 푹 하고 꺾였다.

'이건 아니다.'

게다가 전직 후 프리랜서로 일을 하면서 초반에 자리를 잡기까지는 일거리가 들쭉날쭉이라 밤을 새워 일하면서 의도치 않게 끼니를 거르기 일쑤였고, 출강이나 인터뷰를 위해 타 지역을 갈 때면 짬을 내지 못해 빵이나 커피로만 끼니를 대신하는 일도 잦았다. 무엇보다 나 자신이 그렇지 않다고는 하면서도 일이 끝나기 전까지는 중압감과 부담감에 음식이 잘 넘어가지 않아 쫄쫄 굶었다가 일이 끝나면 폭식을 일삼았다.

'이것도 아니다.'

그렇게 몇 년이 지났을까? 나는 이제 나만의 방법 아니 요령을 찾았다.

요리에 정을 붙이지 못한다면 굳이 해 먹기를 고집할 필요는 없다는 것이 내가 얻은 깨달음이다. 그래도 매번 밖에서 사 먹을 수만은 없으니 한 끼는 집에서 해서 먹거나 한 끼는 누군 가가 해주는 요리를 사 먹기로 했다. 이렇게 되기까지 3년 정도가 걸렸다. 그래서 나는 요즘에는 점심은 샌드위치를 만들어 먹거나 미리 사다 놓고 커피와 함께 곁들여 먹는다. 선물받은 원두로 아메리카노를 한 사발 내리지만 무조건 빵 한 입이라도 먹고 난 뒤 마신다. 이건 위가 약한 나 스스로 한 약속이기도 하다. 빈속에는 절대 커피를 마시지 말 것. 한 입이라도 뭘 먹고 난 뒤에 마실 것.

저녁은 집 근처 식당에서 해결한다. 넉넉한 인심만큼이나 넉넉한 속재료로 유명한 밥집에서 돈가스를 시켜 먹기도 하고 순두부찌개나 김치볶음밥을 시켜 먹을 때도 있다. 가끔은 혼자 끼니를 해결하는 게 영 맘에 걸린다며 엄마가 싸다 준 도시락으로 한 끼를 대신하기도 한다. 또 가끔은 운 좋게 일찍 퇴근한 신랑과 함께 저녁식사를 하기도 한다.

고수들에게는 너무나도 하찮은 꼼수일 수도 있지만 어쨌든 내게 가장 맞는 방법은 현재로서는 이거다. 그럼에도 불구하고 더 신경 써서 건강을 챙겨야겠다는 생각을 하긴 한다. 실은 날로 그 생각이 강해진다. 얼마 전 이런 글귀를 본 적이 있다.

"You are what you eat."

내가 먹은 것이 나를 만든다. 내가 제대로 챙겨 먹지 못하고 있다면 결국 내가 바로 서지 못한다는 말처럼 들려 뜨끔했다. 그래서 3년 만에 찾은 나만의 루틴에 세 가지 철칙을 추가하기로 했다.

- 하나, 사람이 직접 조리한 음식을 먹는다.
(냉동식품이나 도시락은 조금 멀리한다)
- 둘, 끼니때 마다는 아니더라도 채소와 과일을 하루에 한 번은 섭취한다.
- 셋, 허겁지겁 서서 먹지 않고 앉아서 여유를 가지고 먹는다.

이리하여 나는 조금 더 업그레이드된 나만의 묘책을 가지게 되었다. 그리고 아직까지는 이렇게 잘 지켜나가고 있다.

가끔은 더 나은 방법이 없을까 싶어 서적을 들춰보거나 SNS를 들여다보기도 한다. 그럴 때면 나보다 경력이 더 많은 프리랜서들의 식단을 엿볼 수 있게 되기도 하는데 그중에 일부를 소개하고자 한다.

- 아. 점. 저를 챙겨 먹지만 아침은 간소하게 견과류와 요거

트, 점심은 닭가슴살과 채소, 저녁은 밥과 반찬을 제대로.

- 점심과 저녁 모두 단골식당에서 푸짐한 백반으로.
- 아침은 간단하게 두유로 해결하고, 점심은 식판에 밥과 찬을 덜어 먹고, 저녁은 메뉴를 정해 직접 해 먹는다.

언젠가는 누가 봐도 건강한 식단으로 끼니를 제대로 해결할 수 있기를. 이제는 정말 부모님에게서도 일터로부터도 독립이니까 말이다.

전직을 하고 혼자 일하게 되면서
끼니를 걱정하게 될 줄은
꿈에도 생각하지 못했다.
꼼짝없이 혼밥을 해야 했다.
먹는 일에도 건강한 루틴이 필요해졌다.

출간 후에
오는 것들
1

♥

"끝날 때까지 끝난 게 아니다."

언제부터였을까? 이 말이 입가에 맴돌기 시작했다. 물론 원래의 의미는 승산이 없다는 생각이 들더라도 끝까지 최선을 다하라는 것이었을 거다. 하지만 내게는 같은 말이지만 이게 "끝난 듯 보이지만 끝난 게 절대 아니다. 앞으로 해야 할 일이 더 (많이) 있다"로 들린다고나 할까?

전업을 하고 나서도 한 번도 떠올릴 일이 없었던, 다르게 해석할 일이 없었던 명언을 소환하게 된 건 바로 출간이라는 걸 경험하면서부터였다.

- 지금까지 낸 책은 3권
- 앞으로 예정된 책은 2권

그러다 보니 어느덧 저자라는 타이틀과는 거리가 멀 줄 알았던 내가 이 일을 숙명처럼 받아들이고 있었다. 그리고 그게 절대 녹록지 않다는 사실마저 운명처럼 겸허히 받아들이게 되었다.

살면서 내가 책을 쓰게 될 거라고 상상해본 적이 없다. 있다고 치더라고 그건 그저 "로또 1등 한번 돼봤으면" 하는 정도였지 그게 가능할 거라고는 꿈에도 몰랐다.

어느 날 결혼 과정을 글로 옮겨 실시간으로 공개했더니 조회수가 슬금슬금 올라가기 시작했고 어느덧 제법 꼭지가 모여 투고를 했는데 그게 첫 저서 출간으로 이어졌다. 그 과정을 통해 나는 책을 쓰고 출판사를 통해 출간이라는 걸 진행하는 게 어떤 일인지를 몸소 느끼고 배우게 되었다.

한마디로, 참 지난하다. 그 이유는 모두 공감하겠지만 약 200페이지 분량의 원고를 집필하는 데 아무리 짧아도 두 달은 걸린다. 그 후 여러 번의 퇴고를 거쳐 완성본을 만들어 넘기면 석 달이 훌쩍 지나가 있다. 그 후에는 편집자와 긴밀한 소통을 하며 일부 내용을 삭제하거나 추가하기도 하고 사진을 새로 찍거나 그림을 추가하기도 한다. 여기까지 보통 아무런 변수가 생기지 않는다면 4개월이 걸리고 내지 편집과 표지 디자인을 거쳐 최종 시안을 결정한 뒤 드디어 인쇄에 들어가 한 권의 책을 손에 쥐어볼 수 있게 된다. 이 과정이 보통 5~6개월정도 걸린다. 실은 여기서 끝일 것으로 생각했다. 일이 다 끝난 줄 알았다. 적어도 내 할 일은. 그런데 그게 아니었다.

"끝날 때까지 끝난 게 아니다."

그 후에는 이제 본격적인 홍보와 마케팅이 진행된다. 사실 영화 마케팅 강의를 듣기는 했지만, 아직도 전공자가 아닌지라 홍보와 마케팅의 정확한 차이는 잘 모른다. 여하튼 둘은 떼려야 뗄 수 없는 사이임에는 분명하고 머리를 쥐어 짜내서 전략을 수립한 뒤에는 몸으로 뛰어야 한다는 것만은 안다. 그런데 모든 일에는 돈이 든다. 광고를 집행하고 평대를 사고 서평단을 모집하고 굿즈를 제작하고 북토크를 진행하기 위한 가장 좋은 방법은 넉넉한 예산을 쓰는 거다. 하지만 요즘 같은 불황에 큰 금액을 쓸 여력이 크게 없다 보니 빠듯하게나마 이것저것 시도해야 하고 그 와중에 작가도 그 과정에 동참하는 일이 많아졌다. 그렇다. 탈고하고 책이 나온 뒤에는 저자도 함께 뛰어야 한다. (물론 경우에 따라 다를 수 있고 필수는 아닐 수 있습니다)

"끝날 때까지 끝난 게 아니다."

마케팅과 홍보에 작가가 얼마의 시간을 투자할지는 사실 정해진 바는 없다. 한 번에 한 작품만 작업하는 게 아니므로 상황에 따라 유동적이다. 그래도 대부분 출간 후 한 달 동안은 함께 달려줘야 한다. 그 이유는 평대에 올라간 책은 보통 2주 이내에 다른 신간으로 교체가 되기에 초반에 성과를 보여줘야 조금 더 오래 눈에 띄는 곳에서 선을 보일 수 있기 때문이다. 온라인 서점도 같다. 대개 출판사에서 신간 미팅을 할 때 매입 부수를 결정하는데 초반 판매량이 저조하다면 힘을 받기 어렵다. 때로는 몇 년 전에 출간된 책이 방송이나 유명인의 소개로 갑자기 역주행하듯이 판매량이 늘어나는 경우도 있지만 그건 드문 케이스다. 그러니 나의 경우에는 집필하고 책이 나오는 데 5개월 그리고 함께 홍보하는데 한 달 정도를 쓴다.

"끝날 때까지 끝난 게 아니다."

다시 한번 그 말에 고개를 마구 끄덕이게 된다.

그래서 나는 책이 출간된 직후부터 그러니까 그로부터 한 달간은 정신이 없다. 구내염이 나는 건 필수요 몸살을 달고 산다. 글만 쓰는 게 아니라 평소에 진행하는 강의도 맞물리는 시기라 텅 비어있던 나의 캘린더가 일정으로 가득 찬다. (스케줄이 많다고 해서 그게 수입과 비례하는 건 절대 아닙니다) 뼛속까지 느름뱅이로 태어난지라 할 일이 앞뒤로 빼곡하게 차는 걸 굉장히 부담스러워하는데 이때만큼은 피할 길이 없다. 그렇게 한 달여의 시간이 지나면 어디에 갇혀 있기라도 한 듯 국내여행을 떠난다. 대개 3박 4일 정도인데 배낭에는 돌려 입을 트레이닝복 한 벌과 갈아입을 티셔츠 두어 장을 대충 때려 넣고 도착해서는 내리 잠만 잔다. 처음에는 우연인 줄 알았다. 그런데 그게 아니란 걸 두 번째 여행에서야 깨달았다.

두 번째 책인 《반려견과 산책하는 소소한 행복일기》의 홍보가 끝나갈 무렵에는 완주에서 3박 4일을 보냈다. 숙소에 도착한 첫날, 커피를 한 잔 마시고 동네를 한 바퀴 쓱 둘러보고 커피 한 잔을 더 마시고는 방에서 잠만 잤다. 둘째 날에는 점심 무렵 숙소 카페에서 브런치를 먹고 동네를 다시 한 바퀴 돌고 숙소로 돌아가 잠만 내리 잤다. 셋째 날에는 느지막이 동네 콩나물국밥집에서 점심을 해결하고 뒤늦게 합류한 일행과 커피를 마시며 수다를 떨다가 다시 숙소로 돌아와 자다 깨기를 반복하다 유일하게 여행답게 맛집에서 저녁을 먹은 뒤 다시 잠자리에 들었다.

"사장님, 여기 침구 좋은 거 쓰시나 봐요. 잠이 막 쏟아져요."

그때는 몰랐다. 어딜 가도 몸만 뉘면 낮이고 밤이고 곯아떨어진다는 걸.

세 번째 책인 《직장 그만두지 않고 작가되기》의 홍보가 끝나갈 무렵 이번에는 춘천에서 2박 3일을 보냈다. 뒤늦게 합류할 일행도 없어 쓸쓸할 거라는 생각에 일정을 줄였다. 도착한 첫날, 터미널 근처 카페에서 그림을 구경하고 숙소로 와 짐을 풀고 커피를 한 잔 마시고 편의점 도시락으로 끼니를 때우고 잠이 들었다. 둘째 날, 숙소 근처 카페에서 커피를 마신 뒤 숙소 뒷산 산책길을 잠시 걸은 뒤 편의점 도시락으로 끼니를 때우고 바려건 동구를 애타게 찾으며 잠이 들었다. 마지막 날에는 체크아웃하고 커피를 마신 뒤 잽싸게 버스에 올라타고 집으로 왔다.

"사장님, 춘천이 터가 아늑한가 봐요. 잠이 막 쏟아져요."

답을 알고 있었기에 입 밖으로 그 말을 내어 하지는 않았지만 내 감상이 딱 그랬다. 실은 내가 피곤하고 고단한 것인데 말이다.

아마도 이번 네 번째 책이 나오고 홍보가 끝나면 또다시 가볼 만한 국내 여행지를 고르고 있을 거다. 그때의 조건은 딱 한 가지. 가서 내리 잠만 자며 푹 쉬다 올 수 있느냐 하는 것.
고로 그 어디든 가능하다. 출간 후에 오는 건 여러 가지겠지만
내게는 예상치 못한 피로와 온전한 휴식 그 두 가지인 셈이다.

출간 후에
오는 것들
2

♥

"더 나은 사람이 되고 싶어."

이 무슨 소년만화에나 나올 법한 대사란 말인가. 하지만 과장 없이 보태기 없이 내 마음이 딱 이랬다. 책이 나올 때마다. 물론 그 맘이 한결같은 건 아니었다. 수없는 퇴고의 과정을 거칠 때면 왜 이런 고생을 사서 하나 싶기도 하고 출간 후 판매가 생각보다 잘되지 않는다 싶을 때면 괜히 했나 싶기도 했다. 하지만 결국엔 마지막엔 늘 이 마음만이 남았다.

"더 좋은 사람이 되고 싶다. 더 나은 사람이 되고 싶다."

그 어떤 일을 하더라도 직감에 따라 움직이고 계획으로 전진하는 터라 이유도 모른 채 시작하지만 내가 왜 좋은 사람이 되고 싶은지 왜 더 나은 사람이 되고 싶은지는 명확하게 알고 있다. 이 일은 혼자서 하는 게 아니며 많은 사람이 잘되기를 간절히 바라며 옆에서 서포트해주기 때문이다.

　신기한 일이다. 내가 좋아하는 일 남들보다 조금 더 잘하는 일을 선택했을 뿐인데 이들은 나를 꼭 -님자를 붙여서 불러준다. 계약서상에 적힌 원고인도날을 당연히 지켰을 뿐인데도 감사를 잊지 않는다. 내 책이니까 열심히 알렸을 뿐인데 감동했다고 인사를 전한다. 그럴 때마다 나는 몸을 바짝 수그리게 된다. 머리도 같이 조아리게 되고 말이지. 도대체 함께 잘 살자고 하는 일인데도 왜 매 순간 나를 돕는 온 세상의 기운을 느끼게 되는 거냔 말이다. 그 때문이다. 그래서 나는 그 끝없는 감사함 때문에 더 나은 사람이 되고 싶다는 마음을 갖게 되는 거다.

　하도 출판이 불황이라고 하길래 인터넷에서 온갖 글을 다 찾아본 적이 있다. 거기에 누군가 굉장히 이성적으로 접근하여 계산적으로 분석한 글이 하나 있었다.

　"출판은 다품종 소량생산이라 당연히 큰 이익이 날 수가 없다."

　그 말을 듣고는 처음으로 책을 쓰고 내는 게 산업이라는 걸 깨닫게 되었다.

　'아, 이건 비즈니스구나.'

내가 쓴 글이 온라인상에서 읽힐 때는 아무런 비용이 발생하지 않는다. (물론 이에 따라 수입도 제로에 가깝습니다) 그런데 이걸 편집하고 디자인을 해서 종이에 인쇄를 한 뒤 유통을 해 독자의 손에 들어가게 되면 물건이자 상품이 되는 거다. 한 사람의 견해와 감정이 고스란히 글자로 박힌 하나의 상품이. 그런데 1년에 단행본 한 종만 펴낼 수는 없으니 여러 종을 발간하게 되는 거고 또 쪼그라든 출판시장상 한 종이 몇 쇄씩 팔리는 게 쉽지가 않다. 그래서 다품종 소량생산이라는 거다.

'아, 이렇게 접근하니 왜 이익이 나질 않는다는 건지 알겠네.'

그래서 공대 나온 신랑에게 물어보았다.

"다품종 소량생산에서 최대한의 이익을 내려면 어떻게 해야 해?"

"그거야 원가를 적게 하고 이익을 극대화해야지. 단가를 낮추고 가격을 올리면 되지."

"근데 만약 시장에서 그 가격이 암묵적으로 정해져 있어서 조절할 수 없다면?"

"그럼 원가를 최대한 낮춰야지."

"근데 그 원가라는 것도 더 낮출 수가 없는 수준으로 형성되어 있다면?"

"많이 파는 수밖에 없지."

그랬다. 그러니 함께 많이 파는 수밖에. 내 책은 그런 운명이 되어야 했다. 솔직히 말하면 어느 일이든 수익이 많이 나는 곳은 따로 있다. 안타깝게도(?) 작가라는 직업도 그러하다. 집필만으로 생계를 꾸려나갈 수 있다면 좋겠지만 그러하지 못하다. 그래서 대부분은 다른 일을 병행한다. 나의 경우에는 강의도 하고 기사도 쓴다. 그렇기에 어쩌면 너무 많은 책을 내는 건 오히려 마이너스가 될 수도 있다. 그래도 수많은 사람이 내 책을 만들어주고 내 책이 잘 되기만을 옆에서 바라고 있는데 어찌 최선을 다하지 않을 수 있을까? 나는 그래서 오늘도 잘 쓰는 사람이 되기 위해 노력하는 동시에 홍보를 잘하는 사람이 되기 위해 노력하고 있다.

늦깎이 작가라 그런지 배울 게 많다. 특히나 단행본을 세 권 내고 난 뒤에는 후회와 감사를 만회하고 갚기 위해서라도 공부를 해야겠다는 생각이 든다. 여기에서 공부란 학위를 따기 위한 학문을 말하는 게 아니다. 내가 알지 못했던 출판 프로세스와 마케팅의 세계를 알음알음 알아가는 걸 뜻한다. 그래서 요즘에는 더더욱 책을 많이 읽고 인터뷰를 찾아보고 SNS를 한다. 체계는 없지만 그래도 실전을 통해 필살기를 익히고 사용하고 있다.

하나, 영혼 없는 책 홍보는 귀신도 알아본다.

이게 뭔 소리인가 싶을 수 있는데, 마지못해서 하는 홍보는 아무도 감동시킬 수 없다는 말이다. 포스팅을 올리고 URL을 걸어두는 것만으로는 그 누구의 마음도 사지 못한다. 하루에 수백 종의 단행본이 쏟아지는 가운데 소개글 하나 올린다고 독자들이 알아서 내 책을 장바구니에 담아주지는 않는단 말이다. 그래서 나는 되도록 저자에게도 독자에게도 즐거울 수도 있도록 이벤트를 진행한다. 그 흔한 리그램부터 시작해서 인증샷은 물론이고 감동적인 후기를 올린 독자를 직접 찾아 선물을 증정하기도 한다. 또한, 굿즈를 직접 손으로 만들고 그 과정을 생중계한 뒤 북토크 참석자에게 선물로 전달하기도 한다.

둘, 사인은 러브레터 쓰듯 한다.

나 스스로를 덜 알려진 덜 유명한 작가라고 부른다. 사인 하나만으로는 그 사람에게 그 어떤 추억도 남겨줄 수 없다는 걸 안다. 그래서 되도록 한마디라도 대화를 나누고 도움이 될만한 멘트를 길게 가급적 길게 써준다. 나는 그걸 편지라고 생각하지는 않았는데 누군가 그렇게 부르고 있더라. 글쓰기 강의수강생들에게는 4주간 받은 인상을 바탕으로 사인을 하면서멘트를 적는다. 한 사람 한 사람의 얼굴을 떠올리며 러브레터를 적는 기분으로 말이다.

셋, 과하게 권하지 않는다.

초반에는 실수를 많이 했다. 기반도 잡히기 전이라 지인 찬스를 쓸 수밖에 없었다. 몇 번이고 망설이다 소식을 전하고는했지만 그게 부담이 되었을 거다. 책에 관심이 있는 사람에게나 유용한 정보지 그게 아닌 사람들에게는 스팸일 테니까. 덕분에 두 번째 세 번째 책이 거듭 나왔을 때는 오히려 가족이 아닌 이상 그런 홍보는 지양했다. SNS 피드에 정성껏 올리다 보면 내 책이 필요한 사람들에게 자연스럽게 전달되겠거니 생각했다. 그게 아니더라도 광고를 통해서라도 충분할 테니까.

누군가는 작가가 글만 쓰는 게 아니고 이렇게 홍보까지 해야 하는 게 힘들지 않냐고 좀 지나친 게 아니냐고 하기도 했다. 그 말도 맞다고 생각한다. 좋은 작품을 써내는 것만으로 역할을 다했다고 여길 수도 있다. 다만, 내 책 출간을 위해 흡사 온 우주가 돕는 것 같은 느낌을 받는다면 그에 보답하듯 마음 가는 대로 표현하고 행동해도 되지 않을까? 그런 와중에 네 번째 책 홍보를 떠올리니 약간의 식은땀이 나긴 하지만 말이다.

초심이라고
할 것도
없지만

♥

작년이었나? 정확히는 기억이 나질 않지만, 대화 중에 갑자기 엄마가 이런 말을 하셨다.

"하나야, 넌 기자님 아니고 작가님 아니고 그냥 개똥 치우는 여자야."

"응??? 무슨 소리야???"

물론 한 집에서 30년 가까이 같이 살았기에 엄마가 말수는 적지만 하고 싶은 말이 있으면 기회를 기다리거나 흐름에 맞게 하는 게 아니라 생각나는 대로 바로 한다는 사실을 알고는 있었다. 하지만 단언컨대 그날 나눈 이야기는 그런 내용과는 전혀 상관이 없었다. 개똥 치우는 여자가 튀어나올 타이밍이 아닌데 도대체 왜 그런 말을 하는지가 요상스러우면서도 궁금해졌다.

"왜 갑자기 그런 말을 해?"

"아니 너는 그냥 개똥이나 잘 치우라고……."

그러니 알아서 해석하고 받아들여야 했다.

'엄마랑 무슨 이야기를 하고 있었지?'

그날 엄마와 나눈 대화를 더듬어봤다. 갑자기 그 순간, 엄마가 왜 그런 말을 했는지 이해할 수 있을 것 같기도 했다. 인터뷰를 한창 다니고 있었던 때라 여기저기서 기자님이라고 불러주는 소리에 내심 기분이 좋았다고 했는데 그걸 듣고는 이건 좀 아니다 싶으셨나 보다. 아직 갈 길이 먼데 호칭 뒤에 님 자 하나 붙었다고 애가 벌써 초심을 잃나 하는 생각에 그리 말씀하신 거였다.

'그렇게까지 받아들일 필요가 있나? 그냥 좀 기분이 좋아서 그런 거지 내가 대단하다고 생각했던 건 아닌데…….'

평소 엄마와 내가 피붙이 이상으로 친한 사이이기는 했지만 그래도 그 말이 좀 서운했던 건 사실이었다. 하지만 그 후 초심이라는 걸 떠올릴 때마다 '개똥 치우는 여자'라는 말이 생각났고 내 중심을 지키는데 참으로 큰 도움이 되었다.

이제 겨우 전직한 지 5년 차라 사실 지나온 모든 게 너무나도 기억이 잘 난다. 기자 겸 작가라고 자기소개를 하는 자리에서 밝혔던 포부라든지 (글을 쓰지 않은 날은 밥을 먹지 않겠다고 했는데, 지금도 창피해지는 비장한 각오임이 틀림없습니다) 아니면 그다음 해에 갑작스럽게 일거리가 줄어 잠깐 예전에 하던 일로 돌아갔던 기억이라든지 (파트타임이기는 했지만, 고정급이 나온다는 게 좋았습니다. 하지만 그 밖에 모든 게 불만족스러웠어요) 3년 차에 고정적으로 기고할 수 있는 채널이 생겼지만, 그 때문에 시달렸던 아픈 추억이라든지. 아무튼, 모든 게 어제 일처럼 생생해서 굳이 초심을 상기시킬 필요가 있을까 싶었다. 그런데 4년 차가 되고 5년 차에 접어들다 보니 어느 정도 자리를 잡아 자만할까 봐 나도 모르게 초심이라는 두 글자를 자꾸만 되새김질하듯 떠올리는 거였다.

좋아하는 일을 잘한다고 칭찬을 받았고, 늦었다고 생각한 나이 서른에 경력 없이 시작하게 된 이 일. 혼자서 일을 하게 되어서 두렵고 막막하기보다는 뭐든지 할 수 있을 거라는 생각에 들뜨고 들뜨기만 했던 시절. 들어오는 일 하나하나가 귀하고 소중해 최선을 다하다 보니 인터뷰를 마치고 돌아오는 길에 내용을 복기하다 눈물을 펑펑 쏟기도 하고 상대방의 진심을 전하고 싶어 밤을 새우며 기사를 쓰기도 했던 날들. 그때를 가만히 떠올리게 되는 거였다. 그와 동시에 지금의 나는 어떤가 하면서 번갈아 보다 보니 처음과 같지는 않다는 게 느껴졌다.

"하나야, 넌 기자님 작가님 아니고 그냥 개똥 치우는 여자야."

엄마의 일침에 정신을 퍼뜩 차림과 동시에 이제는 그 말이 너무나도 고맙다.

사실 나는 지금도 이중생활을 하고 있다. 사는 동네에 젊은 사람이 거의 없고 대부분 어르신이다 보니 내가 글을 쓰는 직업을 가지고 있다든지 아니면 혼자 일을 하는 프리랜서라든지 그런 상황을 아는 이도 없고 그걸 밝힐 기회도 없다. 그래서 반려견을 데리고 산책을 할 때면 대낮에 강아지랑 노는 백수라는 오해를 받기도 한다. 하지만 그럴 때마다 기분이 나빠지는 않다. 솔직히 그냥 좋다. 어쨌든 직업이라는 타이틀을 떼면 나는 그저 비닐봉지를 들고 다니며 동구의 뒤처리나 하는 개똥 치우는 여자인 게 맞으니까. 그런 생각이 들 때마다 양손 가득 쥐고 있던 욕심도 허세도 다 내려놓게 된다.

"겸손하게 살아야지."

저절로 그렇게 고개가 숙여진다.

하지만 늘 초심처럼 살아서는 안 될 때도 있다. 얼마 전이었다. 새해가 찾아왔고 그와 함께 전업 후 경험한 적이 없는 수준의 성수기가 도래해 일이 늘어났다. (아주 짧은 순간이었습

니다. 그 후 '코로나 19'의 습격이 도래했거든요) 내가 감당할
수 있는 수준을 벗어나 고민하다가 일이 없어서 집에서 대기
만 하고 있던 그때가 떠올라 그냥 다 하기로 했다.

'어디서 배부른 고민을 하고 있어? 고맙습니다! 하고 무조건
해야지.'

한두 달만 바쁘게 일하다 보면 어차피 비수기니까 괜찮을 것
같았다. 그런데 그렇게 가볍게 생각하고 덤볐던 일들이 내게
아주 큰 무리였나 보다. 탈이 나기 시작했다. 서울 강남과 강북
그리고 다시 인천의 끝과 끝을 갈지자로 오가며 강의를 하고
여기에 단행본 마감과 첨삭 그리고 각종 홍보를 진행하다 보니
어느새 나는 주 7일 12시간 근무를 하고 있었다.

매일 밤 잠들기 전 다음 날 할 일을 떠올리는 게 너무 부담
스러워 그나마도 잠을 설치기 일쑤였고 온몸에 염증이란 염
증이 다 올라오기 시작했다. 그러면서도 초심을 잃지 말자는
생각으로 나를 달래기는커녕 더욱더 채찍질했다.

'초심을 떠올려 봐. 지금 이거 배부른 고민이지. 그리고 잠
깐인데 이 정도를 못 해?'

그리고 그렇게 한 4~5주가 지났을까? 몸 상태가 예사롭지
않다는 게 느껴졌다. 다리에 힘이 들어가질 않아 제대로 걷지

를 못해 집안을 엉금엉금 기어 다니질 않나, 손에 힘이 들어 가지 않아 들고 있던 온갖 물건을 놓치더니 초를 떨어뜨려 장판까지 태워 먹지를 않나, 아무튼 몸이라는 껍데기만 남은 기분이었다. 게다가 강의를 가려고 밖으로 나서 땅에 발을 디딜 때마다 전기가 찌릿하고 오르는 게 느껴지고 멀미가 나 버스를 못 탈 지경이 되어버린 거다. 그래도 괜찮을 거라고 생각했다. 초심을 떠올리며 이건 배부른 소리라며 다시 한번 고삐를 단단히 쥐었다.

그러다 결국 약한 내 몸이 '뻥' 하고 터져버렸다. 설 연휴를 반납하고 일을 한 나를 위해 평창의 한 숙소를 예약하고 2박 3일 여행을 떠났다. 그런데 그곳에서 나는 위염과 장염의 콜라보로 아무것도 제대로 하지 못하고 끙끙 앓기만 하다가 올라와야 했다. 경치 좋은 곳에서 했던 제대로 된 단 한 끼의 식사도 다 게워버리고 내내 메밀차를 마시며 주린 배와 아픈 속을 달래야 했다. 돌아와서도 그 후유증은 한동안 계속되었다. 그러면서 나는 초심을 지킬 때와 그렇지 않아야 할 때를 구분해야 한다는 사실을 깨달았다.

이렇게 쓰고 사실 겁이 좀 났다. 누가 보면 굉장히 일이 잘 풀리고 있는 줄로 오해할까 봐서. 나는 아직도 배가 고프다. 좋아하는 이 일을 열심히 오래 하고 싶다. 하지만 그 때문에 이 일이 싫어지는 상황까지 벌어져서는 안 된다. 더더욱 그 때문에 건강이 망가져서는 안 된다. 그러면 모든 걸 잃게 되는 거니까.

그래서 앞으로는 내 몸에 부담이 크게 가지 않는 선에서 최상의 컨디션으로 할 수 있는 정도로만 일을 하기로 했다. 그렇다고 해서 들어오는 기회를 거절하겠다는 건 아니다. 그저 내 골골대는 몸을 감안해서 기준을 세워 보다 똑똑하게 일을 할 필요가 있다는 거다.

우선, 성수기에도 (글쓰기를 제외하고는) 주 5일 이상은 일을 하지 않는다.
회사에 다닐 때 토요일에도 출근하면 어떻겠냐는 회유와 협박을 많이 받았다. 업종 특성상 크게 이상한 일은 아니었다. 하지만 나는 그때마다 거절하고 버티다가 급여가 좀 적더라도 주 5일 근무를 보장하는 곳으로 이직을 했다. 내 몸이 회복되는 데 걸리는 시간과 속도는 남들보다 길고 느리다. 그 점을 감안한다면 그 이상은 무리다. 아무리 내가 좋아서 선택한 일이지만 아무리 잠깐이라지만 어쨌든 일은 일이니까.

그다음, 하루에 두 탕은 절대 뛰지 않는다.

뭔가 순화된 표현을 쓰려고 했는데 딱 맞아떨어지는 표현을 찾지 못했다. 어쨌든 하루에 한 가지 일에만 집중하기로 했다. 다음 일이 신경 쓰여 모든 걸 쏟아붓지 못하고 돌아올 때의 찝찝함이란. 후회를 조금도 남기고 싶지 않다.

마지막으로, 온라인 활동은 좀 줄인다.

그동안에는 마치 24시간 대기조라도 되듯이 내 일과 관련된 요청이나 질문에 즉각 답변했다. 그러다 보니 밥을 먹다가도 알람이 뜨면 스마트폰으로 일을 처리하고, 바깥에서 차 한잔 마시다가도 알람이 뜨면 스마트폰으로 답을 해주고, 자다가도 깨어 알람이 뜨면 스마트폰으로 답신을 보냈다. 결과적으로 쉬어야 할 때도 확실히 쉬지 못했다. 앞으로는 마음이 졸아드는 기분으로 24시간 긴장하고 싶지 않다.

어느 정도 자리를 잡으면 기쁘기만 할 줄 알았다. (바보같이) 5년 차가 되면 행복하기만 할 줄 알았다. (단순하게도) 하지만 내가 깨달은 건 아무리 경력이 쌓여도 그때 맞는 고민거리가 생긴다는 점이다. 그러니 초심을 떠올릴 때와 초심을 잊어야 할 때를 가려서 현명하게 야무지게 처신을 하는 게 필요

하다. 매번 강조하는 거지만 아무리 구멍가게를 한다고 할지
라도 나만의 철학은 필요한 법이니까.

개똥이나 잘 치우라는 어머니의 말씀도,
할 수 있는 일의 가짓수에는 한계가 있다는 깨달음도,
모두 필요한 때가 왔다.

아무리 경력이 쌓여도
그때 그때 새로운 고민거리가 생긴다.
초심을 지켜야 할 때와
그렇지 않아야 할 때를
현명하게 구분해야 한다.

불 황 과
재 택 근 무

♥

아, 정말 무섭다. 지금 기분이 어떤고 하니, 햇살이 쨍쨍한 날에 반바지와 반팔을 입은 채로 해변에 나섰는데 갑자기 폭풍 우박 천둥 번개가 치는 와중에 쓰나미까지 밀려오는 것 같다. 이런 상황은 태어나 처음 겪어보는지라 어찌할 줄 몰라 그 자리에 그대로 얼어버릴 것만 같다.

- 60 넘은 어머니도 한 번도 이런 경험은 해본 적이 없다고 했다.
- 80 넘은 외할아버지도 한 번도 이런 경험은 해본 적이 없다고 했다.

바로 '코로나 19' 이야기다. 끝이 보이질 않는 불황의 시대가 도래한 것이다.

사실 2월 초까지만 해도 별다른 타격은 없었다. 심지어는 글쓰기 강의 중 수강생 한 분이 "요즘 괜찮으세요?"라고 안부를 물어왔을 때도 "요즘에는 공공기관 강의가 많지 않아서 괜찮아요"라고 자신만만하게 대답했더랬다. 그런데 다음 날, 갑자기 모임이며 강의 취소에 대한 문의가 밀려오기 시작했고 기우처럼 보였던 것은 사실이자 현실이 되어버렸다. 새해를 맞이해 호기롭게 시작한 독서모임도 시작한 지 한 달 반 만에 취소할 수밖에 없었고 3월 강의 역시 취소 또는 무기한 연기를 할 수밖에 없었다. 4월 역시 새로운 일거리가 들어올 가능성은 거의 제로에 가까웠다. (상상만 해도 갑자기 숨이 턱 하고 막히는 것만 같습니다) 그러면서 절벽과도 같은 비수기가 이어지고 평소 같으면 성수기로 슬금슬금 넘어가야 할 타이밍을 잃어버리고 급기야 모든 스케줄이 취소되고 집에서 칩거하는 신세가 되어버린 거다.

그래도 나는 그나마 나은 편이다. 고정적으로 나가는 월세도 없고 줘야 할 직원의 급여도 없다. 프리랜서이자 1인 기업 체제이지 않은가. 고용된 사람은 오로지 나 한 사람뿐. 들어올 돈은 없으나 나갈 돈도 없기에 재정적으로 아주 큰 타격을 받는다고는 할 수 없다. (그럼에도 불구하고 숨만 쉬어도 나가는 돈 때문에 마이너스이긴 합니다) 덕분에 발이 꽁꽁 묶여버렸다. 아주 꽁꽁. 공식적인 자리는 물론 가족 외에는 사람을 만날 수가 없다. 집 앞 카페에 가는 것도 눈치가 보여 자제하고 있다. 적어도 평일에는 집 안에만 머무르려고 하고 동네 산책을 나가는 것도 반려견 동구를 위해 잠시뿐이다. 그러다 보니 수입이 줄어 힘든 것보다는 나 스스로는 아무런 증상도 없는데 자가격리 아니 자율격리를 하는 것이 답답하고 힘들다. 물론 어려운 시국에 이 정도는 당연히 감수해야 하는 게 도리라고 생각한다. 그래서 나 역시도 그러한 움직임에 기꺼이 동참하고 있고. 다만, 괴로움만은 여전히 어찌할 수가 없다.

그래서 마음을 좀 고쳐먹기로 했다. '코로나 19'의 직접적인 영향을 그나마 덜 받는 직업의 특수성을 살리기로 한 거다. 글만 쓸 거라면 굳이 외출할 필요 없기에 오래간만에 글감을 저축하고 있다. 다만, 그와 함께 살도 비축하고 있다는 게 문제이기는 하지만. 이 시간을 인풋을 다지고 내실을 쌓는 기간으로 삼기로 했다. (덕분에 온라인 서점 마일리지가 쌓이고 있습니다. 그렇지 않아도 골드회원인데 VIP로 승급하게 생겼어요. 그뿐 만이 아닙니다. 동네서점에서 3만 원 이상 주문 시에만 해주는 책 배달 서비스도 애용하고 있답니다)

암튼 긍정적으로 생각하다가도 답답함에 벽을 득득 긁게 되어 이점을 까먹을 때쯤 조각칼로 새기듯 다시 한번 장점들을 되뇐다. 그러면 힘들다가도 좀 나아진다. 그럼에도 불구하고 전직을 하고 처음 경험하는 '불황'이라는 것이 너무 어렵고 적응하기가 힘들다.

유튜브에는 폐업이나 휴업을 하기로 했다는 젊은 사장님들의 영상이 줄을 잇고 있다. 개업한 지 석 달 만에 헬스장의 문을 잠시 닫기로 했다는 대표님은 한숨을 내쉬었다. 커뮤니티에는 숙박업소 매물이 넘쳐난다. 외국인의 발길은 뚝 끊겼고 내국인의 발길마저 뜸해져 어렵기 때문이란다. 이 모습을 보고 있자니 프리랜서라는 직업군의 불안정성이라는 단점이 극대화되는 것만 같다. 그런 영상과 글을 접할 때마다 마음이 쿡쿡 쑤신다. 5년 만에 처음으로 이 길을 잘못 선택했나 싶기도 하다. 다행히 전직하기 전 1년 치 생활비는 통장에 쌓아놓고 시작하라는 조언을 들었던 게 도움이 되었다. 아울러 고정지출을 최소한으로 해놓았던 게 빛을 발했다. 그래서 아직까지는 간신히 버티고 있다.

- 1년 치 최소생활비 매달 60만 원 × 12개월 = 720만 원

- 1년 치 고정지출비 매달 28만 원 × 12개월 = 336만 원

  총 1,056만 원

코로나 19로 인해 나타난 또 다른 현상이 있다. 그건 바로 '재택근무'다. 그런데 직장인 대부분이 반길 것으로 생각했던 것과는 달리 SNS에는 푸념글이 많이 올라온다.

'일과 휴식이 분리가 안 되는 것 같아요.'

'업무에 집중할 수 있는 환경이 안 만들어져요.'

'의사소통을 어떻게 해야 할지 모르겠어요.'

'자꾸만 게을러져요.'

이러한 내용을 볼 때마다 5년째 자의 반 타의 반으로 재택근무를 하고 있는 나는 남들도 똑같은 생각을 하는구나 싶어 신기하기만 하다. 나라고 처음부터 혼자서 집에서 일하는 게 쉬웠던 것은 아니다. 고정비용을 줄이기 위해 작업실을 얻으러 다니다가 결국 포기하고 집에서 일하게 된 케이스였던지라 갈피를 잡지 못하고 괴로워하기만 했다.

- 하루가 꼬박 가도 말 한마디 할 필요조차 없고
- 일하다가 자꾸만 보이는 머리카락에 난데없이 집 청소를 하고

- 집에서 일한다는 이유로 논다는 소리를 듣고
- 감시하는 이도 없는 데다가 옆에는 푹신한 소파가 있어 자꾸만 드러눕게 된다.

이런 패턴을 반복하고 있노라면 자괴감까지 들었다. 특히나 이 모든 걸 완벽하게 컨트롤하지 못하는 내가 싫었다. 그런데 신기하게 3년쯤 지나니 나름의 노하우가 생기면서 적응이 되기 시작했다.

- 창문을 열어 환기를 시키면서 자리를 세팅하고
- 일하는 도중에는 불을 끄고 커튼을 다 쳐서 어둡게 만들고
- 작업공간과 휴식공간을 아예 분리했다.

장비발을 너무나도 싫어하는 나이지만 사무실 못지않은 카페 부럽지 않은 분위기를 만들기 위해서 돈도 꽤 썼다.

- 혼자 일하지만 6인용 테이블을
- 혼자 일하지만 에스프레소 머신을
- 혼자 일하지만 필요한 OA 시스템을 갖춰놓았다.

여기에 나만의 철칙도 만들었다. 이 공간에서 일하는 나를 존중하기 위해 만든 거다.

- 일하는 곳에는 옷을 벗어두거나 걸어두지 않는다.
- 일하는 곳에서는 밥을 먹지 않는다.
- 일하는 곳은 항상 깨끗한 상태를 유지한다.

덕분에 작업실의 로망이 다시 한번 발동을 할 때면 과연 그곳이 지금의 홈오피스보다 나은지를 따져본다. 지금까지 답은 항상 아니오, 였다. 재택근무를 하고 싶다면 결국 밖에서 일하는 것 못지않은 환경을 만들어야 한다. 시간이 좀 걸리고 돈이 좀 필요할지라도.

전직하고 처음 겪는 불황.
코로나 19가 불러온 일상의 흐트러짐.
고정지출을 최소한으로 해두었던 게
빛을 발해 그나마 다행이랄지.

무 질서 속 의
질 서

♥

난 프리랜서로의 이 자유로움을 최대한 즐기려고 노력한다. 그래서 앞선 에피소드에서 밝힌 것처럼 알람을 맞추지 않고 잠이 들고 일어나고 싶을 때 눈이 절로 떠질 때 일어난다. 만수르만큼 재력가는 절대 아니지만, 만수르보다 더 시간적 여유를 누리며 풍요롭게 살고 있다고 생각한다. 그러나 이런 내게도 아니 나와 같은 프리랜서 혹은 예술가에게도 질서라는 것은 필요하다. 다른 말로는 일과라고 할 수도 있겠다. 이게 필요한 이유는 질서가 아예 없는 세상은 그야말로 혼돈 그 자체로 바뀌어 버리기 때문이다. 이른바 '카오스'다.

그 어떤 것도 강요받지 않는다. 이 말을 뒤집어 해석하면 군이 아무것도 할 필요가 없다는 거다. 아침에 일어나 세수를 할 필요도 머리를 감을 필요도 이를 닦을 필요도 구김살이 없는 의복을 입을 필요도 없다. 아울러 옵션과도 같은 화장도 과감하게 스킵이 가능하다. 그뿐인가? 정해져 있는 끼니를 다 챙겨 먹을 필요도 없다. 아침은 건너뛰고 점심도 입이 까끌까끌하다면 언제든지 패스! 저녁도 대충 냉장고를 파먹거나 배달시켜 먹거나 아니면 알코올의 향기로 대신한다고 해서 아무도 뭐라고 할 사람이 없다. 눈치를 볼 필요도. 그리고 이런 하루가 삶이 반복되어 이어진다고 보면 된다. 그러면 결국 우리가 흔히 말하는 폐인의 꼴을 면할 수 없는 것이고.

자의로 이렇게 살아가도 된다면 이렇게 살고 싶다면 상관없겠다. 하지만 어느 순간 이 사슬을 끊어내려고 할 때 마치 언덕 아래를 굴러가는 바위나 바퀴처럼 가속도가 붙어 그만둘 수가 없다는 게 문제다. 아울러 저렇게 살다가는 온몸에 두드러기가 나고 위를 다 버리게 될 것이며 사회와 단절될 게 뻔하다.

그래서 어느 정도의 질서는 필요하다. 이른바 내가 추구하는 '무질서 속의 질서'가 이에 해당할 것이다. 정확하게는 하루에 할 일이나 순서는 정해져 있는데 정확한 시간은 정해져 있지 않은 걸 뜻한다. 또한, 언제든 그 순서를 뒤집거나 몇 가지는 생략해도 상관은 없다. 스스로 조절만 할 수 있다면 말이다. 참고로 나는 이렇게 하루를 보내는 편이다.

◦ 강의가 없을 때 ◦

기상 후 이부자리를 정돈하고 화장실로 가 세수를 하고 이를 닦는다. 그 후에는 아점을 챙겨 먹고 반려견 동구를 산책시키 며 동네를 한 바퀴 돈다. 돌아와서는 잠시 쉬었다가 집안일을 한다. 주로 먹고 내팽개쳐둔 그릇을 설거지하거나 청소용 대 걸레로 바닥을 쓸고 닦는다. 2~3일에 한 번꼴로 세탁기도 돌 린다. 빨래를 걸고 말린다. 그리고 자유시간을 가지며 영상을 보거나 팟캐스트를 듣거나 책을 읽는다. 그런 후에는 커리큘 럼을 짜거나 홍보물을 만들어 담당자에게 보낸다. 처리해야 할 서류도 마무리한다. 저녁을 챙겨 먹고 퇴근한 신랑과 시간 을 보낸다. 밤이 깊어질 무렵이면 거실에 마련한 작업실로 가 글을 쓴다. 그 후에는 실내자전거를 타고 가습기 대용으로 수 건을 빨아 방에 걸어놓고는 팟캐스트를 들으며 잠을 청한다.

◦ 오후 강의가 있을 때 ◦

약속은 칼 같이 지키는 게 나의 유일한 장점이니 이때만큼 은 전날 알람을 맞춰둔다. 강의를 가기 3시간 전에 일어나 씻 고 머리를 감고 옷을 입고 화장을 하고 출발한다. 항상 1시간

전에 도착해 근처에서 브런치로 점심을 때운다. 커피 한 잔을 들고 들어가 강의를 한다. 끝나면 집으로 돌아와 반려견을 산책시키고 저녁을 대충 먹는다. 피곤해 잠시 누워 있다가 커리큘럼이나 홍보물을 짜거나 만든다. 각종 서류도 처리한다. 신랑이 오면 함께 시간을 보내고 실내자전거를 탄 뒤 잠자리에 든다.

◦ 저녁 강의가 있을 때 ◦

느지막이 일어나 아점을 챙겨 먹는다. 반려견 동구를 데리고 산책을 나가 동네 한 바퀴를 휘휘 돈다. 돌아와 강의 준비를 한다. 강의 두 시간 전쯤 씻고 나갈 채비를 한다. 한 시간 전에는 주변에 도착해 저녁을 때운다. 커피 한 잔과 함께 강의를 시작한다. 끝나고 집으로 돌아오면 이미 밤 11시가 넘었다. SNS에 후기를 올리고 실내자전거를 탄 뒤 팟캐스트를 들으며 잠자리에 든다.

◦ 취재가 있을 때 ◦

전날 알람을 맞춰 놓고 일어난다. 씻자마자 인터뷰이에게 확인차 연락을 한다. 끼니를 거르고 채비를 한 뒤 서울로 향한다. 30분 전에 도착해 마지막 체크를 하고 관계자들과 인사를 나눈다. 커피를 나르고 인터뷰를 한다. 끝나고 나면 한 시간 정도 서울 구경을 하고 4시 전후로 광역버스를 타고 인천으로 돌아온다. 정말 미안하지만, 반려견 동구에게 양해를 구하고 첫 끼를 해결한다. 잠깐 잠이 들었다가 깨어 신랑과 시간을 보낸다. 밤이 으슥해지면 원고 작성을 시작한다. 끝나면 실내자전거를 탄 후 새벽녘 잠자리에 든다.

그 외에도 A-1이나 D' 같은 경우도 있다. 제일 힘들 때는 B나 C가 D와 함께 몰려 있는 날이다. 가장 여유로우면서도 일상의 리듬을 유지할 수 있는 건 A다. 선택권은 사실 없다. 들어오는 일을 마다할 수도 있겠지만 그런 경우는 흔치 않다. 일이 없는 것보다 들어오는 일감을 거절하는 쪽이 더 괴롭기 때문인데 앞으로는 조절하긴 할 거다.
요즘에는 대부분의 날이 A에 가까우므로 일과가 정해져 있는 쪽에 가깝다. 이를테면 좀 덜 무질서한 편이랄까? 이 중에서 절대 빼먹으면 안 될 세 가지를 꼽자면 끼니 챙기기와 반려견 산책과 글쓰기다. 그중에서 다시 두 가지로 추려야 한다면 반려견 산책과 글쓰기다. 이 중에서 꼭 하나만 할 수밖에 없다면 반려견 산책일 거다. (그렇습니다. 우리 집은 강아지 동구가 왕이에요) 아무튼, 덕분에 매일 집 근처를 산책하는 게 직장인들의 출퇴근과 같은 루틴이 되어버렸다. 일부러 만든 건 아니지만 그렇게 되어버렸다. 싫지만은 않다. 앞서 말했듯 어느 것 하나도 지킬 필요가 없는 일상은 망가지기 쉬우니까 말이다.

여기에 희망사항이 하나 있다. 바로 뭔가를 정기적으로 배우는 일이다. 아무래도 일을 하는 시간이 회사원과는 다르기 때문에 성인을 위한 클래스를 듣고 싶어도 시간대가 맞지 않아 그럴 수 없는 경우가 많다. 낮에 들으면 되지 않냐고 생각할 수도 있지만 대부분 그 시간대에는 엄마들이 많아 섞이기 어렵다. (아, 절대 나쁘다는 게 아닙니다. 공통의 관심사가 없어 대화에 끼어들기가 어렵다는 뜻입니다. 군중 속에 저 혼자 있는 기분이랄까요?) 동시에 나잇대가 좀 있으신 어르신들과 함께 수업을 들으면 약간은 불편한 질문이 쏟아진다. 대개 프리랜서라는 직업에 대한 호기심 반 꾸중 반이다. "그만큼만 일해서 어디 먹고살겠어? 젊었을 때 바짝 벌어야지" "낮에 일해야지" 아니면 "결혼했는데 애는 낳아야지"가 단골 레퍼토리다. 게다가 스케줄이 보통 3주 전에 픽스가 되는 터라 성수기에는 등록을 해놓고도 나가지 못할 가능성이 높다. 그런 이유로 헬스장이라도 다녀야지 하는 마음을 1년째 먹고만 있다.

무언갈 배우고 싶은 건 어느 정도의 질서가 생기는 동시에 소속감이 생겼으면 하는 마음에서 이기도 하다. 재작년까지만 해도 동호회 활동을 주말에 했던 터라 토요일 오후면 차려입고 집을 나서 사람들과 어울리는 규칙적인 생활을 할 수 있었고 덕분에 심적으로 기댈 구석도 있었다. 그런데 그마저도 하지 않게 되니 정말 하늘에서 뚝 떨어져 혼자 살아가는 것 같다는 생각이 든다. 실은 그 때문에 몇몇 이들에게 고민상담도 했다. 지금 후보에 가장 근접한 건 탱고와 테니스인데 반년째 저울질만 하고 있다는 측면에서 이마저도 하지 않게 될 가능성이 크다.

아무튼, 나의 생활은 지금까지 이래 왔고 앞으로도 이렇게 유지될 것 같다. 이것만으로도 질서가 충분히 잡히지 않았나 싶긴 하다. 그래 봤자 주 5일 9 to 6라는 질서가 제대로 잡힌 생활에 비하면 갈 길이 멀긴 하지만 말이다.

혼자 일하는 사람들에게는
건강한 삶의 루틴이 꼭 필요하다.
출퇴근 시간이 정해져 있지 않더라도,
식사시간이 정해져 있지 않더라도,
몸과 마음과 관계의 건강을 위해
무얼 챙겨야 할지가 정말 중요하다.

에필로그

요즘 들어 부쩍 지인들의 고민 상담이 잦다. 사정은 제각각
다르지만 원하는 것은 모두 하나. 회사를 그만두고 내 일을 하
고 싶다는 것이다. 비교적 이른 나이인 서른에 혼자서 일하는
쪽을 택했기 때문에 내게 묻는 것인데 그때마다 답을 하기가
곤란해진다. 어쨌든 내 경험을 바탕으로 대답을 해줄 수밖에
없으니까.

'말려야 하나? 하라고 해야 하나?'

그 사이에서 갈등하다 어렵사리 고른 대답은 이거였다.

"직장을 다니면서 최대한 내 시간을 확보한 뒤 좋아하면서
잘하는 일을 하다가 기회가 오면 잡아."

내가 그랬다. 글 쓰는 시간을 확보하기 위해 연봉이 적더라
도 근무시간이 짧은 곳을 택했다. 커리어를 단단히 쌓기보다
는 직장 밖의 내 입지를 조금이나마 더 굳힐 수 있는 쪽을 골

랐다. 그러다가 어느 날 우연히 제의를 받아 고민 끝에 갈아타 듯 직업을 바꾸면서 프리랜서의 세계에 뛰어들게 되었다.

가끔 그때를 떠올리면 신기하기도 하고 아찔하기도 하다. 뭘 믿고 월급의 절반 밖에 안 되는 이 일을 택했을까 하는 생각에, 또 반대로 내 글의 어디가 괜찮아서 덥석 같이 일을 하자고 했을까 하는 생각에 말이다.

그렇게 하게 된 홀로서기였지만 현재까지만 놓고 본다면 꽤 만족스럽다. 매 시기 해결해야 할 과제들이 내 앞에 미션처럼 주어지지만, 이 일을 하길 잘 했다고 이 길을 잘 선택했다고 생각한다. 하지만 남들도 과연 그럴까 싶어서 대답을 신중하게 고르게 되고 망설이게 된다.

'혼자 일을 해도 괜찮은 걸까? 프리랜서로 일을 해도 좋은 걸까?'

그런데 어느 날 갑자기 문득 그런 생각이 들었다.

'평생, 직장에 다니는 사람은 없다.'

여든이 넘어서도 한학을 가르치는 외할아버지도 프리랜서. 일의 대부분을 정리하고 반은퇴의 길에 접어든 아버지도 프리랜서. 집안 살림을 도맡아 했던 엄마도 프리랜서. 그러고 보면 조금 더 이르든 조금 더 늦든 결국엔 직장이라는 울타리를 벗어나 자신만의 업을 찾아 홀로 서게 된다.

그걸 생각해본다면 이제 내가 할 대답도 조금 달라질 수 있겠다. 이렇게 말이다.

"빠르든 늦든 결국 혼자 일하게 되니 적기라고 생각되면 도전해봐!"